DAISY OSBORN

WOMEN & SELF ESTEEM

WOMEN & SELF ESTEEM
ISBN 0-87943-090-7
Copyright 1991 by Daisy Washburn Osborn
Printed in the United States of America
All Rights Reserved

2023 / Korean by Word of Faith Company, Korea.
Translated and published by permission
Printed in Korea.

여성의 건강한 자아상

발행일 2023. 2. 13 1판 1쇄 인쇄
       2023. 2. 17 1판 1쇄 발행

지은이   데이지 오스본
옮긴이   김지윤
발행인   최순애
발행처   믿음의 말씀사
2000. 8. 14 등록 제 68호
(우) 16934 경기도 용인시 기흥구 신정로 301번길 59
Tel. 031) 8005-5483 Fax. 031) 8005-5485
http://faithbook.kr

ISBN 979-11-981352-1-6 03230
값 20,000원

본 저작물의 저작권은 '믿음의 말씀사' 가 소유합니다.
저작권법에 의해 보호를 받는 저작물이므로 무단 전재와 복제를 금합니다.

여성의 건강한 자아상

티 엘 오스본의 IF I WERE A WOMAN
증보판 수록

데이지 오스본 지음 | 김지윤 옮김

믿음의말씀사

헌사

오클라호마 털사에 있는
국제 복음 센터 담임목사인
나의 딸 라도나 케롤 오스본,
나의 손녀들
라보나 마리,
다네사 케롤,
카산드라 로레이,
킴벌리,
나의 손자 며느리들
엘리자벳 다니엘,
카리나 메디나,
나의 증손녀들
레이첼 라본,
마다레나 알티사도라,
스테파니 니콜,
그리고
전세계에 있는
모든 딸들에게 바칩니다.

저자

추천의 글

　복음전도자 티 엘 오스본T. L. Osborn이 하늘나라로 가신 소식을 듣고 얼마 지난 후에 나는 그분을 기념하는 예배 실황을 녹화한 DVD 두 장을 받았습니다. 그 영상을 보면서 한 사람의 그리스도인이 얼마나 아름다운 삶을 살 수 있는지를 보고 감격하였습니다. 살아 계실 때 몇 번 가까이서 뵐 수 있는 기회를 통해서 나는 예수님을 만나면 이런 인격과 매너와 사랑으로 나를 만나 주시지 않았을까 하는 생각을 하곤 했었습니다.

　우리 부부는 1980년대 초 미국 유학 시절에 아무 것도 모르고 소 책자 몇 권을 읽으며 은혜를 받고, 교제하던 청년들과 함께 나누며 말씀대로 경험했던 것이 "믿음의 말씀"이었습니다. 그 당시는 은사주의 운동Charismatic Movement의 전성 시대로서, 오순절 운동이 강조하는 방언이 초교파적으로 확산되던 시절이었습니다. 당시에는 미국에 유일한 기독교 TV 방송이 TBNTrinity Broadcasting Network였었는데, 주일은 물론 언제든지 방송을 통해서 당시 유명한 은사주의 설교자들의 설교와 찬양과 간증을 들을 수 있었습니다.

우리 부부가 처음으로 은혜를 받은 책들은 케네스 해긴 목사님의 소책자들을 중심으로 한 책들이었으며, 함께 모여 교제하던 유학생들과 나누며, 그 모임에서 경험했던 것들도 모두 읽은 책에서 강조하던 것들이었습니다. 이렇게 믿음의 말씀을 처음 접하고, 학생들의 모임과 섬기던 미국 교회를 통해서 경험했던 이 복음은 결국 우리 부부의 삶의 가치와 목적을 발견하는데 결정적인 역할을 하게 되었습니다. 마침내 우리는 경영대학원 2년을 마치자 마자 "믿음의 말씀" 운동의 중심 도시인 오클라호마 털사로 이사하게 되었습니다. 해긴 목사님이 가르치고 있는 "레마 성경 훈련소RHEMA Bible Training Center"에 입학하여 이 말씀을 제대로 배우려는 목적이었습니다. 결론은 비자를 해결해 줄 수 없다며 입학을 거절 당하여 한 학기를 기다린 후에 나는 같은 도시에 있는 일반 신학대학원인 오랄 로버츠 신학대학원에 입학을 하게 되었습니다.

그나마 털사에서는 한 학기 밖에 공부하지 못하고 나는 두 시간 더 밀밭 가운데로 북쪽으로 들어 가 있는 소도시 이니드Enid에 있는 작은 교회의 목회자로 섬기며 그곳에 있는 신학교인 필립스 신학대학원Phillips Graduate Seminary으로 전학하게 되었습니다. 3년 후에 나는 미국 감리교회 오클라호마 연회에서 미국 연합감리교회 목사로 안수받고 귀국하였습니다. 그후 한국에서 개척한 지 10년 만에 안식년을 맞이하여 마침내 레마 성경훈련소에 아내와 함께 아내는 2학년에 나는 1학년에 입학하여 한 해 동안 공부할 기회가 1999년 가을부터 2000년 5월까지 있었습니다.

바로 이 기간에 우리는 레마 성경훈련소 가까이 졸업생 목사 부부가 도마타 선교훈련소Domata Mission School라는 저녁에 두 시간씩 하는 4개월 과정의 학교에 등록하여 함께 많은 선교사들과 강사들의 강의를 들으며 선교에 대해서 배우게 되었습니다. 그 때 도마타에 특강 강사로 이틀 저녁 오신 분이 복음전도자 티 엘 오스본T. L. Osborn이었습니다. 학생들은 40여 명이었는데 이분이 오신다니까 학교장 목사님이 허락을 해서 강의실이 수용할 수 있는 30여 명의 사역자들이 더 참석했습니다. 그 때 처음 만나 뵙고 받은 인상이 바로 "예수님의 말씀을 직접 듣던 성경의 사람들이 이런 느낌이 아니었을까?" 였었습니다.

그 때 이틀간의 강의 내용을 녹음한 테이프 세 개를 구해서 여러번 듣고 선물해 주신 책도 처음으로 읽어 보았습니다. 그 후 우리 부부는 귀국하여 2000년 이후 해긴 목사님의 책들을 판권을 받는 대로 바쁜 시간을 내어 소책자들을 번역하여 "믿음의 말씀사"를 세워서 출판하여 한국에 이 복음을 전하기 시작했습니다. 2005년 하나님께서 "예수선교사관학교"를 시작하도록 하셔서 교회 청년들과 집사님 몇 사람을 학생으로 받아서 2년 과정을 가르치기 시작했습니다. 바로 그 때 오스본 목사님이 곧 동경에 오셔서 일 주일간 집회를 열 계획이란 소식을 들었습니다. 우리는 졸업여행이란 이름으로 1, 2학년 모두 30여 명이 허름한 하숙집 같은 숙소에서 합숙을 하며 집회에 참석하였습니다. 그 때 나는 그 동안 출판한 케네스 해긴 목사님의 책들을 여러권 가지고 갔습니다. 집회 중에 쉬는 시간에 목사님을 직접 만나서 책을 보여드리고, 오스본 목사님의 책들도 한국에 번역해서 소개할 수 있게 해 달라고 부탁을 드렸습니다. 판권 계약을 그 자리에서 하려고 준비해 간 서류를 꺼냈더니, 그냥 내가 한 말이면 족하니, 네 마음껏 출판하여 공급하라고 하시면서 아무 요구도 하지 않으셨습니다.

그분이 가시는 곳마다 집회를 마친 후에는 수 톤이 넘는 책을 컨테이너로 싣고 가서 참석한 사람들에게 무료로 나눠주시던 방식 그대로 베푸셨습니다. 그 후 믿음의 말씀사를 통해 저는 여러 권의 오스본 목사님의 중요한 책들을 출판했습니다. 2007년에 용인 구성으로 예배당을 건축해서 이전해 온 후에는 오스본 목사님의 손자인 복음전도자 타미 오델Tommy O'del을 초청하여 집회를 열기도 했습니다. 그 때 이미 출판된 책 몇 권을 주면서 할아버지께 가져다 보여 드리라고 부탁을 드렸더니, 내가 직접 책을 가지고 털사에 와서 할아버지를 만나서 드리는 것이 좋겠다고 거절하였습니다. 얼마나 좋은 초청입니까? 그러나 안타깝게도 나는 이런 좋은 평생의 기회를 놓쳤습니다. 오스본 목사님의 소천 소식을 듣게 된 것입니다. 그분을 기념하는 예배에서 온 세계에서 온 많은 사역자들 중에서 몇 사람이 간증을 하였습니다. 그분들의 간증을 들으면서 나는 우리 부부가 함께 사역을 하는 것에서부터 설교를 하거나 사람을 만나거나 책을 쓰고 출판해서 나눠 선물하는 것은 물론, 늘 포켓에 들어가는 신약성경을 꺼내어 들고 말씀을 나누는 것까지 나는 그분을 닮으려고 노력했던 것을 발견하였습니다. 내 심령 깊은 곳에서 이 땅에서 내가 만난 사람으로서 그리스도를 가장 잘 나타내신 분이 바로 티 엘 오스본 목사님이란 확신이 있었습니다. 그래서 자연스럽게 나는 모든 면에서 그분을 흉내내며 본 받으려고 무의식적으로 노력했습니다.

  저를 개인적으로 특별히 사랑해 주시고 아껴주시며 나에 대해 큰 기대를 하시고 늘 칭찬하셨던 중학교 3년 동안 내게 영어를 가르쳐 주셨던 선생님 생각이 났습니다. 내 인격과 인생관이 형성되던 청소년 시절, 그분의 사랑을 받고, 그분께 인정 받으려고, 그분의 말씀대로 영어 공부를 열심히 했던 것은 물론, 영어는 물론 한글까지 나의 글씨는 그분의 글씨를 그대로 닮아 버렸습니다. 일제 때 그분이 배우셨던 영어 발음까지……

이제 내가 존경하던 그분의 유일한 따님이신 라도나 오스본을 처음으로 모시고 집회를 하게 되었습니다. 한 평생 사랑하는 남편과 함께 사역을 하며 아름다운 그리스도인으로서 살다 가신 오스본 목사님의 평생 동역자 데이지 오스본Daily Osborn의 책을 처음으로 출판하면서 제가 받은 은혜의 이야기를 함께 나누었습니다. 여러분도 이렇게 좋은 책을 통해 복음과 그리스도인의 삶을 보고 배우는 은혜가 있기를 축복합니다.

2023년 2월 12일

김진호
새로운피조물 미니스트리 대표
예수선교사관학교장

| 목차 |

추천의 글 ·· 6
서문 ··· 15

1장 여성의 가치 ·· 27
　　제한 없는 사역 / 하나님의 여성의 역할 / 여성의 영혼구원에
　　대한 대표적인 예 / 수치에서 위대한 이름으로 / 예수님의 사역
　　팀에 있던 존경받는 여성 / 우월주의의 억눌림에서 구출되어
　　복음전파를 위해 부름받습니다 / 그리스도의 제자인 여성들 /
　　성장하면서 심습니다 / 사용하지 않으면 잃어버립니다 / 제한
　　없는 여성 / 여성들은 해방되었습니다 / 매춘부가 목회자가
　　되기까지 / 세상은 당신의 추수밭입니다

2장 완전한 자유 ·· 67
　　자유의 음성 / 종교적인 자만심에 맞섰습니다 / 직접 그려진
　　그림 혹은 세뇌된 그림? / 선입견에 근거한 믿음 / 한계가 있고
　　제한적이지만, 배우고 있습니다 / 동일시되고, 존귀해지고,
　　의로워졌습니다 / 전통은 사람을 공포에 사로잡히게 할 수
　　있습니다 / 종교를 무색하게 만드셨습니다

3장 삶은 선택입니다 ·· 101
　　당신도 해당됩니다 / 거울에 비친 모습을 드러내십시오 /
　　문화의 한계 / 실제로 나타난 자유 / 감옥살이하던 삶에서
　　신성한 사명의 삶으로 / 변화를 환영하십시오

4장 섬김을 통해 이끄십시오 ·· 129
　　선택은 자주성을 의미합니다 / 지배로부터의 자유 / 자유에
　　대한 헌신 / 노예 상태의 징후들 / 밤에 온 방문자 / 당신은
　　두 주인을 섬길 수 없습니다

5장 목적이 있는 삶 ··· 173
　　토고 마을의 한 사람 / 다른 사람들과 목적 / 복음센터가 된
　　포르노 영화관 / 나는 당신을 통해 스스로를 봅니다! / 비하
　　하거나 존중하거나 / 부정적인 말의 독 / 말은 능력을 품고
　　있는 씨앗입니다 / 정신이 온전하지 않았던 거지, 카리우키 /
　　당신의 손 외에 다른 손은 없습니다 / 비극 혹은 승리 / 행동
　　할 때입니다

6장 하나님과의 동역 ·· 227
가정 밖의 넓은 세상에서 활동할 수 있는 능력 / 성실한 주부였던 나의 어머니 / 현대 여성들과 이전 세대 여성들 / 전통적인 종속의 덫 / 하나님과 여성에게 불가능한 일은 없습니다 / 노예로 태어나지 않았습니다 / 하나님의 여성 동역자 / 여성들을 위한 성경 구절들 / 여성 증인들 / 번영하는 능력

7장 내가 여성이라면 ·· 261
여성들이 예언할 때 / 예언이 성취되는 방식 / 여성 선두주자 / 명령을 받은 여성들 / 평등에 관한 문제 / 성차별의 종말 / 침묵의 값 / 제한 혹은 자유 / 여성들의 각성 / 내가 되고 싶은 여성

8장 영광을 위해 창조되었습니다 ·································· 309
종교 vs 하나님 / 어디에서부터 시작합니까? / 예수님을 따르는 여성들 / 주인의 새로운 의미 / 긍정적 변화의 일곱 단계 / 여성들의 세상 / 그녀는 그 일을 자신에게 하는 것입니다 / 결코 열등한 여성이 되지 마십시오! / 자부심 / 여성의 진정한 정체성 / 예수님이 말씀하셨습니다: 나를 따라와라 / 여성의 매일 고백

| 서문 |

당신은 특별합니다

하나님의 여성들이여,
우리는 구원받았습니다.
하나님의 여성들이여,
부름받고, 택함받고, 높임을 받았습니다.
능력 안에서 전진하며,
좋은 씨앗을 심습니다.
하나님의 여성들이여,
지금이 그때이며,
예수님 안에서 우리는 자유합니다.

이 강력한 글은 전 세계 여성들을 위한 나의 어머니의 사역 주제입니다. 이 책은 데이지 박사의 심령으로부터 당신에게 전달됩니다. 그녀는 하나님의 계획 안에서 당신이 얼마나 특별한지 알고 있기 때문입니다.

* * *

하나님의 여성들, 여성은 하나님의 훌륭하고 독특한 아이디어입니다. 당신은 하나님의 아이디어입니다. 당신은 하나님의 형상대로 그분의 선한 목적을 따라 하나님으로부터 창조되었습니다. 당신은 이전에 존재하지 않았던 유일한 존재입니다.

당신이 태어나기 전부터 하나님은 당신을 보셨고, 당신의 호흡이 시작되기 전에 삶의 모든 날들을 계획하셨습니다(시 139:16).

당신을 향한 하나님의 계획은 선합니다. 그분의 계획은 당신에게 미래와 소망을 주는 것입니다(렘 29:11).

여성들이 구원받았으므로 이제 좋은 소식은 우리가 더 이상 (그 무엇이나 그 누구에게도) 종이 아니라는 것입니다. 우리는 하나님의 딸들입니다. 그분께 속한 모든 것은 우리에게 속했습니다(갈 4:7). 이것에 대해 생각해보십시오! 당신은 특별한 사람입니다. 당신은 이제 하나님의 가족의 일원입니다. 당신은 왕족입니다.

당신의 손에 있는 이 책이 당신이 실제 삶의 기쁨을 경험할 준비가 되었다는 증거입니다.

하나님은 당신이 최고의 삶을 누리도록 창조하셨습니다. 예수님은 이제 당신에게 삶의 최대치를 사는 일이 가능하도록 만드셨습니다.

이 책의 서문에서는 여성의 건강한 자아상을 고취시키고 권면하기 위해 최소 열 가지의 핵심적인 진리를 나눕니다.

당신이 이 열 가지 복음의 기초들을 자신의 삶에 받아들인다면, 예수님을 따르는 여성의 삶에 잠재력이 더해질 것입니다.

오래되고 종교적인 전통들은 여성들을 낙심하게 할 뿐만 아니라 그리스도를 전파하는 사역에서 그들을 제한합니다. 이는 오직 자유롭게 하는 진리의 지식으로만 치유될 수 있습니다.

이 열 가지 복음의 진리들은 이것을 어떠한 인종적 혹은 성적 해석 없이 받아들이는 여성들에게 흔들리지 않는 믿음과 건강한 자아상의 기초를 만들어 줍니다.

* * *

복음의 기초 #1

하나님의 말씀에 대한 믿음

하나님의 말씀은 씨앗입니다. 하나님의 말씀이 여성 혹은 남성에게 심겨진다면 그가 이 씨앗이 자라도록 기도했는지 여부와 상관없이 씨앗은 항상 자라날 것입니다. 하나님은 씨앗이 스스로 재생산하는 불변의 법칙을 만드셨습니다. 당신이 하나님의 말씀을 믿고 예수님이 하신 것처럼 말씀을 말할 때, 말씀을 받아들이고 그것을 곤궁한 사람들의 심령에 심을 때, 말씀은 남성들의 심령 안에서 스스로 재생산하는 것처럼 여성들의 심령 안에서도 스스로 재생산할 것입니다.

하나님의 말씀이 당신에게 절대적인 것처럼 말씀의 진실함을 받아들이는 것 외에 하나님과 연결될 수 있는 기초작업은 없습니다. 하나님의 말씀과 이 땅에서의 예수님의 사역은 다음의 내용을 알려줍니다.

복음의 기초 #2
사람의 가치

문화와 종교는 여성들을 규정된 사회 구조 안에서 억압받는 역할과 부류로 제한합니다. 종교는 대개 한 사람의 가치는 대단하지 않다고 은연중에 말하며 사람들이 경배해야 하는 어떤 신성한 존재 앞에서 엎드리고 움츠러들게 합니다.

그러나 하나님은 당신을 인격이자 그분의 최고의 창조물, 사탄의 통제로부터 구원하기 위해 자신의 아들을 내어 준 사람으로 보십니다. 예수님은 육신 안에 계신 하나님이셨고, 사람들을 마주할 때 절대 피부색, 인종, 성별, 사회적 지위이나 신체적

특징을 보지 않으셨습니다.

성경은 말합니다: 하나님께서 세상을 이처럼 사랑하셔서 그의 독생자를 주셨으니, 이는 그를 믿는 사람은 누구든지 멸망하지 않고 영생을 얻게 하려 하심이라. 하나님께서 자기 아들을 세상에 보내신 것은 세상을 정죄하려 하심이 아니요, 그를 통하여 세상이 구원받게 하려 하심이라(요 3:16-17).

복음의 기초 #3
그리스도를 통한 구원

예수 그리스도는 여성들과 남성들을 그들의 창조주이신 하나님 아버지께로 회복시키셨습니다. 예수님은 하나님이 사람들 안에서 거처를 삼으실 수 있는 유일한 길입니다. 당신이 구원을 받고 하나님과의 관계 안에 있는 것은 예수님을 통해서만 가능하며, 선행이나 교회 출석 혹은 사회적 지위를 통해서가 아닙니다. 예수님은 당신이 다음 구절처럼 되도록 당신을 자유롭게 하셨습니다: 그러므로 누구든지 그리스도 안에 있으면 새로운 피조물이라. 옛것들은 지나갔으니, 보라, 모든 것이 새롭게 되었도다(고후 5:17).

그리스도를 통한 구원은 당신이 이 발견을 시작하고 하나님이 당신을 위해 본래 계획하신 생활방식으로 살아가는 일에 자격을 얻었다는 의미입니다. 이는 아래 내용을 통해 가능합니다.

복음의 기초 #4
사랑의 능력, 기도, 그리고 새로운 생명

　사랑은 당신의 새로운 생명의 핵심입니다. 하나님은 사랑이시고 그분은 당신 안에 살기 위에 오셨기 때문입니다(고후 6:16). 예수님 안에 있던 생명은 이제 당신 안에 있습니다. 그러므로 당신은 당신에게 능력 주시는 그리스도를 통하여 모든 것을 할 수 있습니다(빌 4:13). 능력은 당신을 통해 끌어 올려지고 흘러갑니다. 이는 당신이, 너희 안에 계신 분이 세상에 있는 자(마귀)보다 더 크시기 때문이라는 사실을 인식하기 때문입니다(요일 4:4).

　당신은 다시금 자신의 근원으로 회복되었습니다. 이는 예수님이 그분의 사랑의 대사인 당신을 통해 일하실 수 있도록 당신이 준비되게 합니다. 당신이 아래 내용과 같은 아름다운 발견을 할 때 불이 켜집니다.

복음의 기초 #5
사람들 – 오늘날 그리스도의 몸

우리는 이렇게 말합니다: 하나님은 영이십니다. 당신은 그분의 몸입니다. 당신의 손과 발은 이제 사랑의 손과 발이 됩니다. 당신의 눈과 귀는 이제 사랑의 눈과 귀입니다. 이는 당신의 성별과는 전혀 상관이 없습니다.

당신은 이제 자신의 세상에서 사랑의 대사입니다. 당신은 하나님께로 회복되었으며, 당신이 하도록 동기 부여된 모든 일을 성취하도록 하나님이 주신 능력들의 가치와 그것들을 활용할 필요를 인식합니다.

복음의 기초 #6
성령님의 사역

성령님은 여성인 당신에게 예수님을 통해 사람들에게 흐르던 그 동일한 능력을 주십니다. 성령님의 목적은 세상에 예수님이 길이요, 진리요, 생명이라는 것을 밝히는 것입니다(요 14:6). 그분은 당신을 모든 진리로 인도하는 선생님이십니다(요 17:17). 그리하여 당신이 진리를 알게 되고 그 진리가 당신을 자유롭게 합니다(요 8:32).

당신 안에 계신 예수님과 그분의 삶의 방식에 대한 더 깊은 계시는 당신이 다음 내용의 필요성을 느끼도록 돕습니다.

복음의 기초 #7

완전한 치유와 기적들

당신의 몸은 성령님의 전이며(고전 6:19), 당신은 하나님께서 당신이 건강하기 원하신다는 것을 깨닫습니다. 그분은 예수 그리스도의 복음으로 사람들에게 다가가기 위해 당신의 몸을 필요로 하십니다.

당신이 거듭났을 때 당신은 영, 혼, 육 안에서 새롭게 창조되었고 그리스도 안에서 새로운 피조물이 되었습니다(고후 5:17). 이는 예수의 생명이 또한 우리 몸에 나타나게 하려 함이며(고후 4:10), 곧 신체적 건강을 의미합니다.

당신의 생명은 새로운 가치를 받았습니다. 당신은 다른 사람들에게 다가가는 목적을 지닌 특별한 사람이 되었습니다. 당신은 그 목적이 자신의 삶의 방식에 녹아들도록 즐겁게 노력합니다.

복음의 기초 #8

씨앗 믿음과 하나님의 최고의 작품

이제 당신은 돈을 버는 일의 가치를 깨달을 수 있습니다. 당신이 삶에서 물질적인 축복을 누려야 하는 이유는 사람들입니다. 그래야 당신이 사람들을 세워주고, 축복하고, 도울 수 있는 통로가 될 수 있기 때문입니다. 돈을 소유하는 일은 여성인 당신이 하나님의 사역에 참여하는 것에 있어서 즐겁고 중요한 부분입니다.

심고 거두는 원리는 어떤 일을 실현시키며 당신의 내일을 결정합니다. 당신의 재정적 성장은 당신의 믿음과 행동을 더 나은 세상을 만들기 위해 얼마나 많이 쏟는지에 따라 결정됩니다. 당신의 미래는 사람들의 비옥한 토양에 심을 수 있는 씨앗의 형태로 오늘 당신의 손 안에 있습니다.

당신은 더 많이 수확하기 위해 재정적 씨앗을 심는 일을 이해해야 합니다. 다른 사람들에게 더 나누어 주기 위해 당신의 기쁨이 고조되고 하나님의 최고를 갈망하게 됩니다. 당신의 사역은 공동체를 발전시킵니다. 그리고 당신이 전 세계적 사명과 복음 전파를 자신의 사역으로 받아들이도록 영감을 줍니다.

복음의 기초 #9
전 세계적 사명과 복음전파

당신에게 좋은 것이 다른 사람에게도 좋은 것이라는 인식은 당신에게 힘을 줍니다. 당신의 가정과 공동체에서 되어지는 것이 세상의 가정들과 공동체에서도 되어집니다. 당신은 그리스도의 사명을 기억하며, 그것이 당신의 역동적이고 새로운 생활방식이 됩니다. 그분은 너희는 온 세상에 가서 모든 피조물에게 복음을 전파하라고 말씀하셨습니다(막 16:15).

기독교는 넓디넓은 국제적인 사역지를 가지고 있습니다. 전 세계를 향한 비전이 당신의 마음에 펼쳐져 있습니다. 이제 당신은 예수님처럼 하나님의 관점을 가지고 있습니다. 그리고 당신은 삶의 진정한 성취는 예수 그리스도의 주 되심 안에 있다는 사실을 확신합니다.

복음의 기초 #10
예수 그리스도의 주 되심

여성인 당신의 진정한 삶은 예수 그리스도의 주 되심에 고정되어 있습니다.

그분은 신격의 모든 충만함이 몸의 형태로 거하시는 분입니다(골 2:9). 그분이 당신의 생명이며(요일 5:12), 당신의 사랑이고(요일 4:7-8), 당신의 힘이자(시 19:14), 당신의 소망이며(딤전 1:1), 당신의 구원이자 모든 것에서의 온전함이고(살전 5:9), 당신의 온화한 주님이시며(마 11:29-30), 당신의 친구이십니다(롬 5:10-11, 약 2:23).

예수 그리스도는 당신의 가장 친한 친구이고 사람들 안에서 최고의 결과를 만들어 내십니다. 당신은 어디를 가든지 그분의 말씀의 씨앗을 심는 사람입니다(골 1:28).

전 세계의 예수 그리스도의 교회는 이 열 가지 복음의 기초로 알려져야 합니다. 여성으로서 당신은 이 기본 원칙들을 받아들이고 자신이 있는 곳에서 성별과 상관없이 그것들을 나타내기 시작할 수 있습니다.

그러한 생명에 대한 관점과 복음에 대한 열 가지 기본 진리들은 진정한, 역동적인, 생산적인, 건전한, 행복한 여성의 건강한 자아상을 만듭니다. 이것이 나의 훌륭한 어머니가 이 책을 쓰신 이유입니다.

라도나 오스본 목사
국제 복음 센터 Int'l Gospel Center
미국 오클라호마 털사

1장

여성의 가치

이 책의 목적은 하나님의 딸이자 예수 그리스도를 통해 구원받고, 존중받고, 하나님께서 그녀를 위해 창조하신 가장 영광스러운 자리로 회복된 모든 소녀, 숙녀, 주부, 여성이 자신에 대한 새로운 관점을 갖고, 자신의 가치를 재평가하고, 자신의 능력을 재확인하고, 자신의 무한한 가능성을 받아들이도록 돕는 것입니다.

오늘날 대부분 세상은 여성의 자주성을 억누르고 그들을 종살이, 종속, 완전한 속박으로 억압합니다.

전 세계 기독교 교회에서 전통 신학은 바울이 말했던 문맥 가운데 두 가지 내용을 통해 여성들이 교회에서 침묵하도록 지속적으로 제한하고 그들의 자주성과 리더십을 금지하는 교리적 절대성을 확립했습니다.

여성들의 삶에 있는 성령의 능력은 남성들의 삶에 있는 성령의 능력과 조금도 다르지 않습니다.

예수님은 남성들만이 아니라 여성들을 구원하고, 남성들처럼 여성들을 그분의 동역자, 제자, 전파자, 대사로 사용하기 위해 오셨습니다.

성령충만한 여성들이 다른 사람들을 받쳐주는 역할에서 벗어나 하나님의 여성으로서 그분의 꿈을 이루게 하십시오. 그분의 꿈에 대한 대가가 돈, 물리적인 노력, 종교적 반대, 박해 등 무엇이든지 그 값을 치르십시오. 예수님을 증거하고 자신의 세상에서 그분에 대해 나누도록 성령께서 임하시는 사역에 여성들이 참여하게 하십시오.

1장

여성의 가치

당신의 하늘 아버지는 이 땅에 당신 외에는 아무도 이룰 수 없는 당신의 삶을 향한 아름다운 계획을 가지고 계십니다. 당신은 특별하기 때문입니다. 당신은 하나님께 오직 하나뿐인 존재입니다.

종교적인 전통과 유대인들의 관습은 끈질기게 여성들을 억압해왔습니다. 속박된 상태를 극복하고 그리스도의 이름으로 위대한 일을 시작하고 완수한 특별한 여성들조차도 그들의 믿음의 승리에 관한 많은 기록을 남기지 못했습니다.

정치에서도 여성들이 투표권을 얻은 것은 수십 년밖에 되지 않았습니다.

오늘날 대부분 세상은 여성의 자주성을 억누르고 그들을 종살이, 종속, 완전한 속박으로 억압합니다.

여성이 긴 옷으로 얼굴과 몸을 가려야 하는 이슬람 국가들에서부터 전통적으로 여성들을 동물보다 약간 더 나은 위치로 격하시키는 종족들에 이르기까지 여성들의 역할은 복종과 열등함으로 국한되었지만 그래서는 안 됩니다.

전 세계 기독교 교회에서 전통적인 신학은 바울이 말했던 문맥 가운데 두 가지 내용을 통해(고전 14:34, 딤전 2:11-12) 여성들이 교회에서 침묵하도록 지속적으로 제한하고 그들의 자주성과 리더십을 금지하는 교리적 절대성을 확립했습니다.

이 메시지는 당신이 정말로 누구인지를 발견하는 데 도움이 될 것입니다. 하나님의 눈에 당신은 이 세상의 다른 사람들과 동등하며 그분이 직접 무한한 잠재력을 지니도록 만드신 하나님의 특별한 자녀입니다.

제한 없는 사역

저와 제 남편 티 엘 오스본 목사는 50년 넘게 70개 국가 이상에서 수백만 명의 사람들에게 복음을 선포했습니다.

여성으로서 저의 역할은 제한을 받지 않았으며 당신의 역할 역시 제한을 받지 않을 수 있습니다.

집회를 계획하고, 국가 원수 및 기타 정부 관료들을 만나고,

집회 관련 허가를 받고, 경기장과 운동장들을 계약하고, 장비를 설치하고, 수천 톤의 책을 위해 기업들과 협상하고, 전도를 위한 수천 가지 수단을 마련하는 일은 저의 특권이었습니다.

저는 협력하는 목회자들을 조직하고, 동역자들 교육과 거듭난 사람들을 위한 학교를 세우고, 집회를 주도했습니다. 그리고 집회가 시작되고 나면 저는 남편과 번갈아 가며 매일 복음을 가르치고 전파했습니다.

그 외에도 OSFO International의 국제 본부의 회장으로서 저의 책임은 전 세계의 방대한 선교 사역과 더불어 모든 해외 사무소를 담당하는 일입니다.

여성이라는 사실이 제가 믿는 자, 예수 그리스도의 제자, 그분을 따르는 자, 그분의 종인 것을 바꾸지 않습니다.

예수님이 모든 믿는 자들에게 하신 말씀은 저에게 하신 말씀이며 당신에게 하신 말씀입니다. 그분의 대사명은 남성과 마찬가지로 여성들에게도 적용됩니다. 여성들의 삶에 있는 성령의 능력은 남성들의 삶에 있는 성령의 능력과 조금도 다르지 않습니다.

하나님의 여성의 역할

얼마 전, 저는 종교가 여성들의 사역을 제한하기 위해 세워

놓은 전통적인 장벽들을 마주하게 되었습니다. 저는 OSFO International 이사회로부터 아직 복음을 듣지 못한 특정 국가들의 지역들을 방문하는 일에 위임되었습니다.

접경 지역의 교회 지도자들은 우려를 표하며 오히려 다른 미전도 지역에 복음을 전하는 일에 도움을 요청했습니다. 그리고 조사 결과, 타당하고 긴급한 필요가 있음을 확인할 수 있었습니다.

우리는 지역 전체에 교회 개척과 설립을 위한 자금을 마련할 준비가 되어 있었지만 하나님을 위한 위대한 계획이 중단되지 않도록 기초 작업과 세부사항들을 신중하게 다뤄야 했습니다.

문제: 내가 여성이라는 사실

저는 도착하자마자 한 교회의 목회자 그리고 사역자 대표를 공항에서 만났습니다. 그분들은 저를 위해 친절히 프로그램을 준비해 주셨습니다. 그러나 문제는 예정된 활동들이 제가 그곳에서 완수해야 하는 임무와는 아무 관련이 없다는 것이었습니다.

저는 모든 문제에는 그에 대한 해결책의 씨앗이 있다고 믿기 때문에 이 문제에 대해서도 해결책을 발견하기 위해 재빨리 하나님께 주파수를 맞췄습니다. 저는 그 목회자의 기분을 상하게 만들고 싶지 않았습니다.

그들의 일정에 부정적으로 반응하지 않으면서 프로그램을 진행하기 전에 반드시 해야 할 모든 일들을 열거해보기 시작했습니다. 그 모든 일들은 대단했습니다. 다만 그 일들을 남성이 해야 한다는 점을 제외하고는 말입니다.

여성인 제가 그러한 리더십의 역할을 맡는 것은 그들 교회의 교리를 심각하게 위반하는 행위였습니다.

문제는 제가 여성이라는 점이었습니다. 해결책은 종교 고위층이 아닌 정부 채널을 통해 미전도 지역에 접근하는 것이었습니다.

감사하게도 저는 OSFO International의 회장이라는 공식적인 자격을 인정받았고, 제가 여성이라는 점은 국가원수조차도 그다지 놀라지 않는 사실이었습니다.

주지사, 부족의 왕, 촌장들의 협조와 축복으로 우리는 여러 방안을 모색할 수 있었고 복음전파는 성공적으로 이루어졌습니다. 저는 임무를 완수했고, 제 리더십 역할을 받아들여준 귀한 사역자 친구 목록에 또 한 명의 감독이 추가되었습니다.

타락과 구원 안에서의 여성의 역할

하나님이 창조한 최초의 여성(창 3:20) 하와는 많은 설교에 영감을 주었으며, 그 설교들은 하나님의 가장 중요한 사역에서 여성은 조용하고 수동적이어야 한다는 철옹성 같은 교회 교리로 이어졌습니다.

그러나 한 여성의 불순종이 인류의 타락이라는 결과를 낳은 것처럼 인류의 구원 역시 한 여성의 순종으로 나타난 결과라는 사실을 잊지 않아야 합니다.

하나님은 구속과 용서와 영원한 구원의 통로로 여성을 선택하셨습니다. 한 여성이 인류에게 기쁨, 평화, 사랑, 평안 그리고 성취를 가져오도록 선택되었습니다.

여성들은 예수님의 사역에 적극 참여했습니다(눅 8:1-3). 십자가 옆에 있던 마지막 사람은 여성이었습니다(막 15:47). 무덤 앞에 있던 마지막 사람은 여성이었습니다(요 20:1). 부활의 메시지를 전한 첫 번째 사람은 여성이었습니다(마 28:8). 유대인에게 설교한 첫 번째 사람은 여성이었습니다(눅 2:37). 여성들은 그리스도의 부활 이후 있었던 역사적인 기도 모임에 있었습니다(행 1:14). 여성들은 오순절날 다락방에 있었으며 남성들과 같이 그리스도의 증인이 되도록 능력을 받았습니다(행 2:4, 1:8). 선교사 바울과 실라를 유럽에서 처음 만난 사람은 여성이었습니다(행 16:13). 유럽의 첫 회심자는 여성이었습니다(행 16:14).

이러한 사실들이 중요합니까? 이 사실들이 우리에게 전달하는 메시지가 있습니까? 오늘날 여성들과 관련이 있습니까? 저는 그렇다고 믿습니다.

여성의 영혼구원에 대한 대표적인 예

여성의 가치에 대한 가장 좋은 예는 귀신에 사로잡혔던 여성 사업가 막달라 마리아입니다. 그녀는 예수님께 나아 와서 구원을 받았고, 그분을 따르는 사람이자 지지자가 되었고, 사역을 도왔고, 십자가에 달리실 때 그곳에 있었고, 장사를 위해 그분의 몸을 준비하는 것을 도왔고, 예수님께서 부활하셔서 방문하실 때 그곳에 있었고, 그분의 메시지를 받아 사도들에게 전달했고, 오순절날 성령으로 충만해졌고, 초대교회 때 예수 그리스도의 전파자이자 증인으로 기름부음 받았습니다.

완전한 해방

막달라 마리아 안에는 일곱 귀신들이 있었습니다.
귀신들은 사람들에게 끔찍한 일들을 합니다. 귀신들의 영향력 아래서 어떤 아름다운 사람이 정상적으로는 상상할 수 없는 죄를 짓습니다.

기억하십시오. 도둑(사탄)은 도둑질하고 죽이고 멸망시키기 위해서 옵니다(요 10:10). 그것이 귀신들이 마리아에게 한 일입니다. 그러나 예수님은 그녀가 생명, 진정한 생명, 영원하고 풍성한 생명을 가지도록 그 귀신들을 쫓아내셨습니다.

예수님은 우리의 영과 혼과 육을 오염시키는 나쁜 습관에서 우리를 구출해 주셨고, 우리 자신과 다른 사람들을 깨끗케 하고 정화시키는 습관을 개발할 수 있도록 하셨습니다. 우리는 영혼을 멸망시키는 것이 아니라 구원합니다.

바로 이것이 예수님이 일곱 귀신을 가진 마리아에게 하신 일입니다. 그리고 그분은 오늘날에도 여전히 여성들과 남성들을 위해 같은 일을 하고 계십니다.

더 행복한 결말

잘생긴 세 청년이 우리의 집회에 참석하여 축복을 받기 위해 유럽에서 10시간을 날아왔습니다. 두 명의 아름답고 젊은 매춘부들이 그들을 발견하고는 호텔로 따라갔습니다. 그들은 잘생긴 젊은 방문객들을 자신들의 방으로 유혹하기 위해 모든 노력을 기울였습니다. 그러나 청년들은 진정한 그리스도인들이었습니다.

그들은 유럽 청년들을 구원하기 위한 사역에 참여하고 있는 자들이었습니다.

그들은 이 여성들에게 어떻게 그리스도를 전해야 하는지 알고 있었습니다. 결과적으로 두 여성 모두 집회에 참석했고, 그리스도를 믿고 자신의 마을 사람들이 모두 그리스도의 기적을 보도록 영향을 준 사마리아 여인에 대한 티 엘 오스본 목사의 메시지를 들었습니다.

두 여성은 구원받고 치유되었습니다. 여성들은 그들을 환영한 지역교회 목사에게 연결되었습니다. 그들은 빠르게 배우며 강건한 그리스도인이자 신실한 교회 성도가 되었습니다.

나중에 그 지역교회 목사는 자신의 성도들과 함께 다른 집회에 참석했는데 두 여성은 그들 가운데 있었습니다. 그들은 충실한 일꾼들이 되었습니다. 이제 그들은 리더가 되어 다른 사람들에게 예수님이 주인 되신 삶을 가르치고 나누게 되었습니다.

예수 그리스도는 막달라 마리아에게 오셨던 것처럼 그 젊은 여성들에게 오셨습니다. 그분은 마리아를 구원해 주신 것처럼 그들을 구원해 주셨습니다. 그리고 그들은 마리아처럼 예수님을 따르기 시작했습니다.

이는 당신에게도 일어날 수 있는 일입니다. 당신은 일곱 귀신에 사로잡힌 상태가 아닐 수도 있지만 당신의 필요가 무엇이든지 예수님은 지금 이 메시지를 통해 당신에게 임하십니다. 그리고 당신이 이 책을 다 읽기도 전에 당신의 삶은 새로운 방식으로 그분과 동일시될 것입니다. 당신은 자부심을 지닌 하나님의 여성이 될 것입니다.

막달라 마리아에게 또 어떤 일이 일어났습니까?

수치에서 위대한 이름으로

마리아는 완전하게 해방되었습니다. 예수님은 마리아에게 있는 선한 것, 즉 하나님이 주신 능력으로 그녀를 유능하고 성공적인 사람으로 만드셨습니다. 그녀는 사람들의 필요를 채우는 사역자가 되었습니다. 믿을 만한 성경 주석에 따르면 그녀는 예수님이 마을을 두루 다니실 때 예수님의 사역 팀에 속해 있었습니다.

예수님은 남성들과 여성들 모두를 구원하기 위해 오셨고 남성들처럼 여성들 역시 그분의 동역자, 제자, 전파자, 대사로 삼으셨습니다.

유대교는 전통적으로 여성들을 억압했기 때문에 성경을 쓴 사람들은 여성들의 믿음의 행동들에 대해 감히 많이 언급하지 못했습니다. 그러나 신약시대의 여성들에 대해 면밀히 연구해

보면 그들이 예수 그리스도의 교회 안에서 새로 구원받은 여성으로서 새로운 역할을 수행하면서 얼마나 위대한 영향력과 행동을 보여주었는지 분명히 알 수 있습니다.

이 땅의 모든 여성을 위한 구원이 있습니다. 마귀와 죄의 사슬과 속박으로부터의 구원만이 아니라, 여성들에게 침묵을 요구하고 남성들의 편견에 의해 정해진 한계로 여성들을 제한한 종교적 전통으로부터의 구원이 있습니다.

예수님이 당신 삶의 주인이 되신다면 하나님이 여성인 당신의 마음 안에 심어 두신 일들을 모두 할 수 있습니다. 하나님이 그분의 새로운 생명을 통해 당신 안에서 자라나게 하시는 선한 것들이 악한 것들을 잠재웁니다.

예수님의 사역 팀에 있던 존경받는 여성

성경 학자들에 따르면 마리아는 사업적인 능력이 있었습니다. 실제로 그녀는 매우 성공한 여성이었습니다. 주기적으로 불안정한 상태를 보이기는 했지만, 보통 때에는 하나님이 주신 능력을 통해 많은 부를 축적했습니다. 마귀는 그녀의 재능을 파괴하려고 했습니다. 그러자 예수님이 오셔서 그분의 사역에서 마리아를 믿음의 기둥으로 만들어 주셨습니다.

존 헤일리 박사는 그의 성경 주석에서 막달라 마리아가 예수님의 사역 팀에서 중요한 여성이었을 것이라고 말합니다. 그는 막달라 마리아가 아마도 예수님의 그룹을 주도하는 여성이었을 것이라고 말했습니다. 그녀는 예수님의 사역 활동에 앞장 선 사람이었습니다. 막달라 마리아와 다른 여성들은 예수님과 그분의 팀원들에게 필요한 준비 작업을 하기 위해 항상 앞장섰습니다.

마리아는 그녀의 새로운 삶에 감사했고 예수님의 사역에 참여함으로 그것을 나타냈습니다. 이는 여성의 가치에 대한 아름다운 그림입니다.

우월주의의 억눌림에서 구출되어 복음전파를 위해 부름받습니다

저에게는 유명한 복음사역자의 아내인 아프리카 친구가 한 명 있습니다. 그녀는 우리의 여성 컨퍼런스에 참석하기 전까지 소심하고 자기주장이 없는 사람이었고, 거의 교회 장의자를 데우는 존재에 가까웠습니다.

그녀의 남편은 우리의 컨퍼런스를 통해 큰 변화를 겪게 되었습니다. 그는 자신의 남성 우월주의가 어떤 식으로 아내의 사역이 발전하는 것을 막고 있는지 보게 되었습니다. 그녀의 잠재력은 전혀 개발되지 못하고 있었습니다.

성공적인 목회자였던 제 친구의 남편은 복음전파와 사역에 대한 부르심을 받았습니다. 그는 낡은 종교적 전통에 대한 충성으로 자신의 아내의 영향력 있는 성품과 에너지를 족쇄로 묶고 억제하며, 막상 자신은 거의 한계점까지 스스로를 몰아붙이며 밤낮으로 사역했습니다.

두 사람의 눈이 모두 열렸습니다. 그는 자신의 위대한 여성 회중들을 침묵하게 함으로써 교회 전통이 얼마나 사람들의 에너지와 영향력을 낭비하게 하는지 보게 되었습니다.

그녀는 우월주의적 편견에 굴복하는 것이 얼마나 어리석은 일인지 깨달았습니다. 사실 그녀는 포기한 상태였고 심지어 영혼들을 그리스도께로 인도하고자 하는 갈망 역시 잃어버린 상태였습니다.

저는 컨퍼런스에서 예수님이 어떻게 막달라 마리아를 구출하셨는지 전했습니다. 예수님은 그녀를 마귀에서 구출하셨을 뿐만 아니라 여성들을 소유물처럼 여기고 동물보다 조금 나은 수준의 존재로 생각하는 유대인의 전통으로부터 구출하셨습니다.

그 부부는 구출받았습니다. 그는 자신의 종교적 우월주의에서 구출받았고, 그녀는 남성의 타고난 우월성에 대한 굴복으로부터 구출받았습니다.

그 아프리카 여성은 변화를 받은 영혼구원자 남편의 격려를 통해 남편처럼 자신도 성령으로 충만하다는 사실을 깨닫기 시작했습니다. 그녀는 남편과 마찬가지로 세상에 예수님을 전하는 기름부음과 능력과 책임을 가지고 있었습니다.

그녀는 빠르게 성장하는 교회 조직에서 강력한 목소리와 영향력을 가지게 되었을 뿐만 아니라 그 지역의 여성들을 조직하기 시작했습니다.

오늘날 그들은 설교자, 복음사역자, 교회개척자, 집회 연설자, 지역사회 기획자, 주택 건축자, 학교 및 클리닉 주최자들로 구성된 아프리카 여성 단체를 설립했습니다. 그들은 범 아프리카 여성 본부 및 교육 센터를 건설했습니다. 그들이 너무나도 탁월하게 해내고 있기 때문에 정부마저 국가에 대한 그들의 영향력과 기여도를 인정하고 있습니다.

수동적인 침묵에서 자유하십시오

막달라 마리아는 귀신만이 아니라 유대교의 종교적인 남성 지배로부터 구출되었습니다. 그리고 저는 이 글을 읽는 모든 여성이 죄, 질병, 부정주의뿐만 아니라, 경건한 체하는 침묵의 세계 안에서 하나님의 여성 군대를 가두는 교회의 전통으로부터 기적적인 구원을 받기를 기도합니다. 그렇지만 이런 교회의 전통은 하나님의 일에 대한 갈망, 열정, 담대한 용기가 부족한 여성들에게는 다행으로 여겨졌습니다.

그러한 여성들이 "나는 여성이고, 조용히 있어야 합니다."라고 말하는 것이 얼마나 편리한지요. 당신이 교회에서 침묵하며 수동적으로 있는다면 남성들로부터 칭찬을 받는 것은 어려운 일이 아닙니다.

하지만 절대 잊지 마십시오. 강건한 남성은 강건한 여성의 리더십과 참여도에 결코 부정적으로 반응하지 않습니다.

이 세상은 잃어버린 영혼들로 가득합니다. 가능한 모든 사람들과 수단을 통해 복음은 전파되어야 합니다.

그리스도의 사명은 모든 믿는 자들에게 해당됩니다. 교회는 더 이상 그 몸의 삼분의 이가 침묵하는 것을 감당할 수 없습니다.

그리스도의 제자인 여성들

막달라 마리아는 예수님의 추종자가 되었습니다. 그녀는 예수님의 제자 중 한 사람이었습니다. 그녀는 예수님에게 배우기 위해 그분의 발치에 앉아있었습니다.

당신도 똑같이 할 수 있습니다. 당신은 복음서를 읽으며 배웁니다. 예수님의 삶과 사역을 공부하면 여성이 침묵하고, 열등하며, 수동적인 그리스도인이 아니라는 것을 알게 됩니다. 여성들은 남성들과 마찬가지로 그분의 증인과 제자가 되기 위해 그리스도께 구원받습니다. 그 당시 여성들은 예수님의 삶과 사역의 큰 부분을 차지했으며 현 시대에서도 중요한 역할을 수행해야 합니다.

당신이 복음서(마태복음, 마가복음, 누가복음, 요한복음)를 읽을 때 자신의 이름을 넣어 읽는다면 당신은 예수님의 가르침을 더욱 생생하게 느낄 수 있습니다. '남성'과 '그' 대신 '여성' 혹은 '그녀'를 넣어서 말해보십시오. 그러고 나서 기도하십시오. 그러면 예수님이 당신에게 말씀하실 것입니다.

이것이 예수님의 교회에 있는 예수님을 따르는 여성이 사는 방식입니다.

나이는 중요하지 않습니다

한 어린 소녀가 아프리카에서 회심했습니다. 그녀는 예수님을 사랑했고 성령에 민감했습니다. 그녀는 예수님을 위해 일하고 싶었고 복음전도자가 되기 원했지만 사람들은 비웃었습니다. 그녀가 그저 어린 소녀였기 때문입니다. 소녀들은 설교할 수 없었습니다. 소녀들은 신부가 되어야 했습니다. 소녀들은 자신들의 아버지에게 그들이 결혼할 때 받을 수 있는 지참금 정도의 가치를 지닌 존재였습니다.

그러나 그 소녀는 밤낮으로 다른 사람들에게 예수님에 관해 이야기하고 싶었습니다. 어느 날 밤, 그녀는 꿈에서 몸이 불편한 자신의 할머니를 보게 되었습니다. 소녀는 자신의 할머니에게 손을 얹었고 몸이 마비된 할머니는 기적적으로 치유되었습니다.

소녀는 꿈에서 아이디어를 얻고 행동에 옮겼습니다. 소녀는 꿈에서 본 것처럼 할머니에게 찾아갔습니다. 그녀가 예수님의 이름으로 몸이 마비된 할머니에게 손을 얹자 기적이 일어났습니다. 할머니는 치유되었습니다.

그녀는 하나님께서 자신을 다른 사람들의 필요를 채우는 자로 부르셨다는 것을 깨달았습니다. 그리고 그녀는 그 부르심에 순종했습니다. 곧 그녀는 수백, 수천, 수만 명의 사람들에게 설교하게 되었고 많은 사람들을 위해 기도하게 되었습니다. 그녀가 소녀였음에도 하나님은 그녀를 사용하셨고 놀라운 기적들과 회심들이 일어났습니다.

하나님이 얼마나 아름다운 계획을 가지고 계셨습니까? 아프리카의 한 마을에 살고 있던 십대 소녀가 수많은 사람들에게 설교하며 그들을 그리스도께 인도했습니다.

그 소녀는 건강한 자아상을 지닌 여성이 되었습니다.

어떤 여성들은 용감하게 시도했습니다

에이미 셈플 맥퍼슨Aimee Semple McPherson은 캐나다 서부에 위치한 대초원에서 온 젊은 여성이었습니다.

그녀는 그리스도를 전하기 시작했지만 그 일은 쉽지 않았습니다. 어디를 가든지 신학자들에게 박해와 비판을 받았습니다. 그녀는 여성이었기 때문에 설교할 수 없었습니다. 영혼들이 지옥에 가든 말든 그녀는 침묵해야 했습니다. 그러나 그녀는 비전을 가지고 있었습니다. 그녀는 부르심이 있었고, 그 부르심에 순종하기 위해 대가를 지불했습니다.

종교에서 법칙과 전통은 종종 생명과 구원보다 더 중요하게 여겨집니다.

새로운 캘리포니아 국경에 치유와 구원의 복음을 전하기 위해 오래된 T모델 포드 자동차에 자녀들과 몇 가지 소지품을 싣고 그녀가 자녀들과 서부 사막을 건너는 일은 쉽지 않았습니다.

그러나 그 용감한 여성은 복음전파 역사상 가장 큰 군중에게 그리스도의 이름으로 평안과 치유의 기적과 구원을 전했습니다.

그 시기에 교회에 더해진 수만 명의 사람들은 그 여성이 훌륭하게 진행한 큰 집회들을 통해 그리스도께 인도되었습니다.

그녀는 또 한 명의 하나님의 건강한 자아상을 지닌 여성이었습니다.

하나님은 남성들만이 아닌 여성들에게도 성령을 부어 주셨기 때문에 여성들도 남성들을 사용하시는 방식으로 동일하게 사용하고자 하셨습니다. 그러나 유대인의 전통과 문화가 지배적이었으므로 기독교 신학 전통은 끊임없이 여성들을 전면에서 배제시켰고, 여성들의 믿음의 위업들과 복음사역들은 거의 기록되지 않았습니다.

막달라 마리아는 예수님을 따르는 자, 그분의 삶과 사역을 본받는 자가 되었습니다. 예수님은 말씀하셨습니다: 내 아버지께서 나를 보내신 것 같이 나도 너희를 보내노라(요 20:21). 이 말씀은 여성들에게도 적용됩니다.

성장하면서 심습니다

막달라 마리아는 주님의 사역의 동역자가 되었습니다. 마리아, 요안나(헤롯의 청지기 구사의 아내), 수산나는 복음서에 물질로 예수님과 제자들을 섬긴 자들로 등장합니다(눅 8:2-3).

이 여성들은 예수님의 가르침을 통해 치유, 구원, 축복을 받았으며 예수님께 다른 사람들과 나누며 그들의 필요를 돌보는 일을 배웠습니다. 그들은 예수님에 대한 감사를 물질로 표현했습니다. 그들은 예수님의 사역이 더 많은 사람들에게 닿을 수 있도록 도왔습니다.

마리아는 예수님의 메시지를 듣고 믿었습니다. 주라, 그리하면 너희가 받으리니(눅 6:38). 그녀는 씨를 뿌리고 거두었습니다. 마리아는 주는 자였습니다. 이것은 예수님을 따르는 사람으로서 풍성하고 기쁜 삶을 누리기 위해 배워야 하는 첫 번째 가르침입니다.

저는 지금도 하나님이 수많은 막달라 마리아를 원하신다고 믿습니다. 그들은 사업으로 큰 성공을 거두는 진취적인 여성들로서 높은 수익을 창출하여 하나님의 가장 중요한 사역에 전 세계적으로 자금을 조달합니다.

사용하지 않으면 잃어버립니다

한 젊은 여성이 우리의 아시아 집회에서 회심하게 되었습니다. 그녀는 다른 사람들에게 복음을 전하고 싶은 갈망을 가지게 되었습니다.

그녀는 성경을 공부하고 사람들에게 예수님을 전하기 시작했습니다. 그러다 갑자기 번쩍이는 아이디어가 떠올랐습니다. 사업을 시작하여 돈을 벌고 그 수익으로 전도 프로젝트를 계획하고 지원하는 것이었습니다.

그녀는 막달라 마리아처럼 자신이 효과적인 설교자, 복음전도자, 성경교사가 될 뿐만 아니라 자신의 사업 역량이 복음 전파를 위한 강력한 도구가 될 때까지 그리스도의 사역의 동역자로서 자신의 사업적 재능을 활용했습니다.

그녀는 하나님으로부터 아이디어를 얻었는데 자신의 사업적 재능을 그리스도의 사역을 위해 사용하고 그분의 일을 위해 돈을 버는 것이었습니다.

그것은 하나의 아이디어에 불과했지만, 마리아처럼 그 아이디어를 행동에 옮겼고 그리스도의 동역자가 되었습니다. 복음을 전하고 영혼들에게 다가갈 뿐만 아니라 그녀가 조직한 복음전파 모임들을 지원하기 위해 사업체를 시작했습니다. 그녀는 자신의 재능을 잘못 사용하여 잃지 않고 오히려 사업을 통해 그 재능을 키우는 방법을 배웠습니다.

그 여성에게 얼마나 놀라운 일이 일어났습니까? 아시아에서 여성 설교자란 신학적 전통에 대한 모욕이었습니다. 하지만 그녀의 아이디어는 결과를 맺었습니다.

저는 그러한 여성들의 군대가 전 세계에서 일어나 성령으로 기름부음 받으며 모든 수준에서 대규모로 하나님의 일을 하는 것을 기대합니다.

이는 건강한 자아상을 가진 하나님의 여성들을 위한 기회입니다.

제한 없는 여성

하나님의 영으로 기름부음 받은 여성들은 남성들이 하는 모든 일을 할 수 있습니다. 오늘날 그들은 트럭과 버스를 몰고, 기계를 다루고, 강철을 용접하고, 비행기를 조종하고, 배로 항해하고, 기업을 운영합니다. 여성들 중에는 의사, 교사, 변호사, 정치인이 있으며, 주지사, 상원의원, 판사, 지방의원, 대통령, 총리도 있습니다.

종교적 전통이 하나님을 위한 이 엄청난 인적 자원들에 족쇄를 채우고 하나님께 가장 중요한 일에서 그들을 경건한 침묵 가운데 제한하는 것이 얼마나 낭비입니까?

성령충만한 여성들이 다른 사람들을 받쳐주는 역할에서 벗어나 하나님의 여성으로서 그분의 꿈을 이루게 하십시오. 그분의 꿈에 대한 대가가 돈, 물리적인 노력, 종교적 반대, 박해 등 무엇이든지 그 값을 치르십시오. 예수님을 증거하고 자신의 세상에서 그분에 대해 나누도록 성령께서 임하시는 사역에 여성들이 참여하게 하십시오.

막달라 마리아처럼 그 당시 여성들은 예수님의 사역의 동역자였고, 현대 여성들도 그분의 사역의 필요를 채우기 위해 하나님께 쓰임 받습니다. 예수님은 당시의 사람들, 곧 남성들과 여성들 모두를 사용하셨으며, 지금도 그들을 통해 일하십니다.

여성들은 해방되었습니다

막달라 마리아는 그리스도의 메시지를 선포했습니다.

우리 기독교 신앙의 가장 기본적인 메시지는 예수님이 죽음에서 부활하신 것입니다. 놀랍게도 그 위대한 소식을 선포한 첫 번째 사람은 여성이었습니다.

저는 예수님이 한 여성을 신뢰하셨고 실제로 그녀에게 그분의 부활의 첫 번째 메시지를 선포하도록 명하신 것이 중요하다고 생각합니다.

예수님은 십자가에서의 인류의 구속이 하나님의 계획 안에서 여성들을 원래의 평등한 위치로 회복시켰다는 점을 매우 분명하게 말씀하셨습니다.

태초에 하나님은 남성과 여성을 그분 앞에서 평등한 존재로 창조하셨습니다. 예수님은 그분의 삶과 죽음과 부활을 통해 남성과 여성을 동일하게 구원하셨습니다.

평등한 접근권

여성들과 남성들은 모두 예수님을 그들의 중재자로 모셔서 다시 한번 개인적으로 그리고 동등하게 하나님께 다가갈 수 있게 되었습니다.

바울이 말한 바와 같습니다: 유대인이나 헬라인도 없고, 종이나 자유인도 없으며, 남자와 여자도 없으니, 이는 너희 모두가 그리스도 예수 안에서 하나이기 때문이라(갈 3:28).

이제 여성들은 남성들과 마찬가지로 예수 그리스도를 증거하고 그분의 복음을 전 세계 모든 피조물들에게 선포하는 동일한 목적과 동일한 사역을 위해 동일한 성령님의 동일한 능력으로 충만해지고 기름부음 받습니다.

설교란 무엇입니까? 예수님에 대해 당신이 알고 있는 내용을 전하는 것입니다. 그리스도인이 예수님에 대해 말하고 그 내용을 뒷받침하기 위해 성경 구절들을 인용한다면 그것이 이 땅에서 가장 위대한 설교입니다.

마리아는 예수님이 그녀를 위해 하신 일들을 말했고 그녀의 메시지를 전했습니다. 바로 그것이 설교입니다.

그렇다면 왜 여성들은 설교하지 말아야 합니까? 모든 믿는 자들이 성경을 받아들이고 순종한다면, 여성들과 남성들(모든 믿는 자들)은 그리스도께 너희는 온 세상에 가서 모든 피조물에게 복음을 전파하라(막 16:15)는 명령을 받았습니다.

오순절 날에 탄생한 새 교회에서 사람들은 더 이상 남성이나 여성, 유대인이나 이방인, 설교자나 설교하지 않는 자로 구분되지 않았습니다. 모든 사람은 그리스도의 증인입니다.

저는 제 남편인 티 엘 오스본 목사와 함께 사역하며 여성들이 (물론 남성들도) 막달라 마리아가 그랬던 것처럼 그리스도께 나아와 자신들의 삶의 방식을 예수님의 제자답게 조정하는 것을 보는 큰 기쁨을 누렸습니다.

매춘부가 목회자가 되기까지

우리의 라틴아메리카 집회에서 한 매춘부가 그리스도를 영접했습니다. 암으로 죽어가던 그녀는 버림받은 상태였습니다. 삶에 대한 소망, 참된 사랑에 대한 지식, 하나님에 대한 믿음이 없던 그녀는 우리의 집회에 오게 되었습니다.

그녀는 우리가 전하는 예수님에 대한 이야기와 하나님의 구원 계획을 들었습니다. 그녀는 그분을 믿고 자신의 심령으로 그분을 받아들였습니다. 그녀의 눈은 눈물로 가득 찼고 온 얼굴이 눈물로 뒤덮였습니다.

그녀는 이렇게 말했습니다: 오, 난 너무 깨끗해진 것 같아요. 다시 순결한 처녀가 된 것 같아요. 그 끔찍한 죄책감이 사라졌어요. 너무 자유롭고 가볍고 놀라워요.

그러고는 이렇게 물었습니다: 내가 예수님을 사랑하고 그분을 따르는 사람이라는 것을 보여주려면 무슨 일을 해야 할까요?

그녀는 날마다 그리스도 안에서 성장했습니다. 그리고 몇 주 지나지 않아 매춘부였던 그녀는 암에서 치유되었고 우리가 권면한 대로 다른 사람들에게 예수님에 대해 말하고 전하는 데 그녀의 모든 시간을 썼습니다.

그러자 자연스러운 일이 일어났습니다. 그녀는 많은 사람들을 그리스도께로 인도했고 그들을 더 많이 돕고자 하는 책임감을 느꼈습니다.

그녀는 수천 명의 사람들과 함께 영혼들을 구원하는 큰 교회를 개척했습니다. 그녀는 훌륭한 목회자이자 지도자가 되었습니다. 이는 단지 그녀가 여성은 그런 일들을 하면 안 된다는 말을 들어본 적이 없었기 때문입니다.

그녀는 새로 믿게 된 자들에게 자신이 배운 내용들을 가르쳤습니다.

1. 예수님이 당신을 위해 하신 일에 대해 다른 사람들에게 말하십시오.
2. 그것을 증명하기 위해 성경 구절을 인용하십시오.
3. 예수님이 그들을 위해서도 동일한 일을 하실 것이라고 말하십시오.

당신도 이와 같은 일을 하시겠습니까?

세상은 당신의 추수밭입니다

전통적인 교회가 여성인 당신이 교회 안에서 침묵하도록 요구할 때, 그것을 신경 쓰지 마십시오. 당신의 복음 메시지를 필요로 하는 곳으로 가십시오. 교회 안에 있는 대부분의 사람들은 이미 예수 그리스도에 대해 들었기 때문입니다.

당신이 제도화된 교회 안에서 조용해야 하기 때문에 당신의 사역에 제한을 느껴야 합니까?

온 세상이 당신의 추수 밭입니다. 그러므로 당신이 제한되어 있는 작은 공간에 대해 불평하지 말고, 눈을 들어 온 세상의 밭을 바라보십시오. 그 밭에는 당신의 사역에 대해 어떠한 전통이나 바울의 제약도 적용되지 않습니다.

너희는 온 세상에 가서 모든 피조물에게 복음을 전파하라(막 16:15)고 예수님이 말씀하셨을 때 그 명령은 성별, 피부색, 인종, 문화권과 상관없이 모든 믿는 자들에게 주어진 것이었습니다.

여성들과 함께

막달라 마리아는 성령으로 충만해지고 그리스도의 증인이 되도록 기름부음 받았습니다. 그녀는 예수님의 승천 후 다락방 기도회에 참여했습니다(행 1:13-14).

마리아는 항상 그곳에 있었습니다. 그녀는 신실했습니다. 그녀는 예수님과 그분의 제자들과 함께 지내기 위해 막달라 마을을 떠났습니다. 그녀는 끝까지 그분과 함께 했습니다. 그녀는 빌라도의 재판에 있었고, 예수님이 십자가에 못 박히신 곳에도 있었습니다.

그녀는 십자가에 달리신 예수님 곁에 있었습니다. 그녀는 그분을 장사하기 위해 준비하는 과정을 도왔습니다. 그녀는 그분의 무덤에 있었습니다. 그녀는 다른 사람들이 포기했을 때도 그곳에 머무르는 인내심이 있었습니다. 그녀는 다른 사람들이 예수님을 부인했을 때도 그분을 사랑했습니다.

마리아는 예수님이 부활하실 것이라고 말씀하신 것을 들었습니다. 그녀는 그분의 말씀을 절대 잊지 않았습니다. 그녀는 자신의 주님을 찾았습니다. 그녀는 다른 사람들의 말을 받아들이지 않았고, 그들의 의심에 저항했습니다. 어떻게 그럴 수 있었습니까? 그녀에게는 믿음이 있었기 때문입니다. 그녀는 예수님의 가르침을 들었습니다. 그녀의 믿음은 그분의 말씀을 들음으로 왔습니다(롬 10:17).

그리스도께서 무덤 근처에 나타나셨을 때 마리아는 그곳에 있었습니다. 그녀의 신실함은 열매 맺었습니다. 그녀는 예수님이 자신의 이름을 부르시는 것을 들었기 때문입니다. 그녀는 그분의 부활을 알리기 위해 보내진 첫 번째 사람이었습니다.

그리고 그녀는 성령님이 강림하셨을 때에도 그곳에 있었습니다. 예수님은 그들에게 예루살렘을 떠나지 말고 아버지의 약속을 기다려야 한다고(행 1:4) 말씀하셨습니다. 막달라 마리아는 그곳에 있었습니다.

성경은 열한 제자들을 언급하며 그들이 여성들을 포함한 120명의 사람들과 함께 있었다는 사실을 알려줍니다(행 1:14-15).

마리아는 예수님을 지지하고 따르는 무리로 자주 등장했습니다. 그녀는 무덤에서 주님을 만났고, 그분의 부활을 알리기 위해 보내졌습니다. 그리고 당신은 그녀가 성령님이 강림하셨을 때 있었던 여성들 중 하나였다는 것을 확실히 알 수 있습니다.

마리아는 그 자리에 있었던 남성들과 마찬가지로 성령으로 충만했습니다. 그리고 그녀는 동일한 목적을 위해 권능을 받았습니다.

땅의 맨 끝 지역까지 이르러 나를 위한 증인이 되리라(행 1:8 흠정역).

여성들이 위 목적을 성취하며 베드로가 말한 바와 같이(행 2:17) 여성들이 예언하면서 동시에 침묵하는 것은 어려울 것입니다.

따라서 마리아는 진정으로 자유롭게 된 여성이 되었고, 하나님의 창조물이었으며, 그분의 증인으로 어디든 가도록 구원받고 구비되었습니다.

요엘의 예언이 성취되었습니다. 하나님은 모든 육체에 성령을 부어 주기 시작하셨습니다. 그분의 아들들과 딸들이 예언하기 시작했고 마리아도 그들 중 하나였습니다.

여성을 향한 최고의 존중

예수님이 여성들과 남성들을 위해 오셨을 때, 새날이 밝았습니다.

우리는 자유를 가지고 있습니다. 우리는 더 이상 종이 아닙니다. 우리는 더 이상 속박되어 있지 않습니다. 우리는 자유해졌습니다. 왜 그렇습니까? 우리는 사랑받기 때문입니다. 우리는 존중을 받습니다. 우리는 필요한 자가 되었습니다. 우리는 예수님의 교회의 일원입니다. 우리는 그분의 몸의 한 부분입니다. 그분은 우리를 신뢰하고 계십니다. 세상은 우리에게 달려있습니다.

막달라 마리아는 예수님이 이 땅에 오셔서 하신 일들을 상징하는 인물입니다.

그리스도는 부활하실 때 죽음과 지옥과 무덤을 물리치셨습니다. 그분은 분열의 벽을 허무셨습니다. 그분은 사람들을 분리하는 법을 폐하셨습니다. 그분은 인종 혹은 성별에 대한 편견의 저주를 폐하셨습니다. 그분은 자신의 죽음, 장사, 부활에서 단번에 사탄을 이기셨습니다.

새로운 해방된 교회가 탄생했습니다. 예수님의 교회를 위한 예수님을 따르는 여성은 하나님이 창조하시고 운명 지으신 역할을 성취하기 위해 구원받고, 성령충만 받고, 강력한 여성으로 태어났습니다.

사랑하기로 선택하십시오

　이제 우리는 선택할 수 있습니다. 우리는 주님을 섬기고, 따르고, 순종하고, 사랑하기로 선택할 수 있습니다. 저는 예수님, 그리고 그분이 저와 다른 모든 여성들과 남성들에게 주신 생명을 선택합니다.

1. 당신은 어떻습니까? 지금이 결정할 순간입니다.
2. 당신의 삶에서 예수님을 당신의 구주이자 주님으로 받아들이십시오(롬 10:9).
3. 모든 일에서 그분을 따르는 자가 되십시오(마 16:24).
4. 그분께서 당신을 통해 사랑하고, 섬기고, 구원하게 하십시오(마 25:40).
5. 영혼구원에 동참하십시오(마 4:19).
6. 심는 자, 주는 자, 시작하는 자가 되십시오(눅 6:38).
7. 열렬히 기도하고 당신을 향한 그분의 개인적인 응답을 들으십시오(마 7:7).
8. 그분의 증인이 되는 모든 권능을 받도록 성령으로 충만하십시오(행 1:8).

　예수님이 살아계시고 어제나 오늘이나 영원히 동일하시다는 것을 증거하고 선포하십시오(히 13:8).

당신은 오늘 이 새로운 삶을 시작할 준비가 되었습니까?

먼저 당신이 이 책을 읽을 때 당신에게 일어난 일들이 새로운 개념으로 당신 안에 형성되어야 합니다.

이제 당신의 미래, 새로운 신분, 새로운 사랑과 행복과 성공과 성취와 건강한 자아상의 삶은 모두 당신이 지금 바로 여기에서 결정을 내리고 하나님과 자신에게 말하고자 하는 당신의 의지에 달려 있습니다. 오늘부터 여성들의 가치를 인식합시다.

지금 이 행동을 할 준비가 되셨습니까? 당신의 결정은 신나고 성공적인 새로운 미래를 여는 열쇠가 될 것입니다. 그리스도께 헌신하는 이 중요한 기도를 하십시오.

기도

오 주님, 저는 당신의 형상 안에서 창조된, 당신의 숨결이 제 안에 살아있는 당신의 자녀입니다.

저는 당신의 성령께서 역사하시는 통로이며 제 안에 그리스도가 살아계심으로 존중받는 자입니다.

저는 천국을 올려다보며 당신의 손 안에 있는 저의 새로운 비전을 취합니다. 저는 새로운 꿈을 꿉니다.

저는 이 세상에 있는 그 무엇보다도 선한 일을 위한 당신의 도구가 되기 원합니다.

저는 독특한 목적을 위해 창조된 당신의 자녀입니다. 저는 오늘부터 제 삶을 향한 당신의 꿈을 성취하도록 결단합니다.

오 주 예수님, 당신께서 막달라 마리아를 통해 하신 일들이 얼마나 놀라운지요. 저를 통해서도 많은 일들을 하십시오.

그녀를 사로잡았던 귀신들은 저도 제한하고 싶어합니다. 그러나 저는 제 삶에서 부정주의, 두려움, 낮은 자존감, 소심함, 열등감, 종속과 전통의 귀신들을 영원히 쫓아냅니다.

제가 당신 안에서 어떤 존재인지 모두 발견하게 도와주십시오. 그러면 저는 저의 유능함을 제한했던 부정적인 영향력으로부터 일어서게 됩니다.

막달라 마리아의 삶을 변화시키신 것처럼 내 삶을 변화시켜 주십시오.

저를 종속과 열등감에서 벗어나게 해주시고 건강한 자아상을 지닌 여성이 될 수 있는 견고한 길 위에 있게 해주셔서 감사합니다.

막달라 마리아를 부르신 것처럼 저를 찾아 주셔서 감사합니다. 저는 당신을 따르는 자입니다. 저는 당신의 사역에 참여하고 당신의 동역자가 되기로 선택합니다.

저는 회복됩니다. 저는 존중을 받습니다. 저는 다른 사람에게 증거하도록 기름부음 받습니다. 저는 제 삶에 당신을 받아들입니다.

지금 이 순간부터 당신의 보혈이 저를 깨끗하게 합니다. 당신의 생명은 제 것입니다. 제 과거는 영원히 사라집니다.

제 약점과 열등감, 패배, 당신이 저를 창조하신 목적을 부인하는 것들은 모두 영원히 사라집니다.

오늘부터 저는 당신의 존중을 받는 여성이며 당신의 꿈을 성취합니다.

저는 당신을 따르는 자입니다.

당신의 새로운 생명에 감사드립니다.

오늘 저는 진정으로 거듭났습니다.

저는 그리스도 예수 안에서 새로운 피조물입니다.

주님 감사합니다. 아멘.

*　*　*

이제 당신이 이 중요한 단계를 거쳤으므로, 지금 하나님께 당신의 결정을 알리십시오. 믿음의 행동으로 아래에 있는 빈칸을 채우십시오. 이는 오늘 당신의 개인적인 경험에 대한 지속적인 간증이 될 것입니다.

나의 결정

오늘 저는 여성의 건강한 자아상을 읽었습니다. 저는 하나님께서 저를 위해 창조하신 삶을 발견했습니다.

예수 그리스도, 당신은 저의 주님이십니다. 저는 당신이 여성인 저를 구원하기 위해 죽으셨음을 믿습니다. 당신은 저를 존중하시기 때문입니다.

저는 제가 생각하고, 말하고, 행동하는 모든 것에서 주님, 당신을 기쁘시게 하기 위해 최선을 다하도록 제 삶을 헌신합니다. 당신의 은혜와 도움으로 저는 다른 사람들에게 당신에 대해 나눕니다.

저를 도우시고 은혜로 지키시는 당신께 의지하며, 저는 오늘 이 결정을 제 구원자이자 구속자이신 예수 그리스도의 이름 안에서 내립니다.

서명 : _____

일자 : _____

하나님의 축복이 당신과 함께 하기를 바랍니다.

2장

완전한 자유

여성으로서 종교와 문화에 의해 부여된 종속적이고, 침묵하고, 열등한 역할을 받아들이지 마십시오.

당신이 예수님을 자신의 삶의 주인으로 받아들인다면, 더 이상 다른 주인은 없습니다. 그분은 그분의 사랑과 리더십을 당신을 통해 표현하기 원하십니다.

문화적 제약과 종교적 통제를 받아들이는 여성 신자(그리스도인)는 그녀를 통해 나타나기 원하시는 예수님을 제한하고 있는 것입니다. 오직 그녀만이 자신의 삶 안에서, 그리고 삶을 통해 역사하시는 그리스도를 제한할 수 있습니다.

한 여성이 하나님이 창조하신 그대로 살아가려면 용기가 필요합니다. 만약 그녀가 사람들이 자신에 대해 어떤 말을 하든지 두려워하지 않고, 하나님의 뜻을 받아들이고, 경건한 체하는 가부장적인 가르침들을 놓아버린다면 그녀는 예수님을 따르는 여성이 될 수 있습니다.

저는 종교가 낳은 문화와 전통이라는 쌍둥이를 보았습니다. 종교적인 여성들은 종종 자신이 선택한 일을 하기보다는 자신이 해야 하는 일들을 하며 살아갑니다. 그들은 선택이 아닌 의무로 살아갑니다. 그들은 자신 안에 있는 하나님의 능력에 응답하고 개발하는 기쁨을 누리는 대신 규칙과 요구사항들에 굴복합니다.

여성 안에 있는 하나님의 성령은 조용히 있기 위해 계신 것이 아닙니다. 이것은 좋은 소식입니다. 이를 믿고 완전한 자유 안에 사십시오.

2장

완전한 자유

　누가복음에는 시대를 초월한 이야기가 있습니다. 예수님과 만난 사람들의 이야기들은 우리를 향한 현대적인 메시지를 담고 있습니다. 복음서에는 평범하고 세뇌된 독자들에게는 숨겨져 있지만 신선하고 새로운 진리들이 새겨져 있으며, 굶주린 상태로 찾고 있는 그리스도인이 발견하기를 기다리고 있습니다.

　예수님은 그분이 하신 모든 일에서 하늘에 계신 우리 아버지 하나님의 성품과 갈망과 사랑과 뜻을 나타내셨습니다. 여성들은 예수님이 보여주신 본을 신뢰할 수 있습니다. 여성들은 모든 상황과 관계에서 그분의 태도와 행동을 따라해야 합니다. 그것이 우리가 그리스도 안에서 완전함을 추구하는 방식입니다.

하나님의 성품이 드러납니다

예수님이 종교적으로 신중해야 하는 상황 가운데 계실 때, 즉 그분이 회당에서 가르치시거나 매우 종교적인 사람들에게 말씀하실 때, 하나님의 사랑의 성품은 항상 아주 분명하게 드러났습니다.

이 예시를 살펴보십시오: 그 후 주께서 안식일에 한 회당에서 가르치시더라. 보라, 십팔 년 동안이나 병약의 영에 사로잡힌 한 여인이 있었는데 허리가 굽어져 전혀 펴지 못하더라. 그때 예수께서 그 여인을 보시고 불러 말씀하시기를 "여인아, 네가 너의 병약함에서 풀려났느니라" 하시고 그녀에게 안수하시니 즉시 그 여인이 허리를 펴고 하나님께 영광을 돌리더라 (눅 13:10-13).

여성들을 향한 하나님의 온화한 사랑이 위대하게 나타난 후에 우리는 여성들에 대한 가혹한 경멸이 담긴 전형적으로 종교적인 상황을 보게 됩니다.

그러나 하나님의 정직하심은 예수님이 회당장에게 대답하실 때 그분을 통해 나타났습니다:

너 위선자야, 너희 각자는 안식일에 외양간에서 자기 소나 나귀를 풀어서 물 먹이려고 끌고 가지 아니하느냐? 보라, 이 여인은 아브라함의 딸로서 십팔 년 동안이나 사탄에게 매여 있었는데 안식일에 이 속박에서 풀어주는 것이 당연하지 아니하냐?(눅 13:15-16)

자유의 음성

대략 2000년 동안 예수님의 말씀은 계속해서 선포되었습니다: 여인아, 네가 풀려났느니라.여인아, 자유하라! 전 세계 여성들은 예수님의 자유케 하는 말씀의 음성을 듣고, 열등감과 소심함과 무가치함과 문화적, 종교적 속박에서 벗어나 일어나고 있습니다.

저는 예수님이 유대인 회당에서 그 사람에게 말씀하신 방식이 좋습니다. 그분은 그녀가 불릴 수 있는 명확한 이름인 여인으로 부르시며 그녀의 원래 정체성을 나타내셨습니다. 그 이름은 어떠한 구분이나 분류를 필요로 하지 않습니다. 그녀가 누군가의 아내, 엄마, 누이, 이웃 혹은 친구인지를 아는 것은 중요치 않습니다. 하나님의 형상을 따라 만들어진 여성의 범주 안에 들어가는 것은 많은 이점이 있었습니다.

그 여성이 다른 정체성의 이름으로 불렸다면, 그 즉시 또 다른 분류 작업이 이루어지고 그에 따른 문화적 가치가 확립되었을 것입니다. 예를 들어, 과부는 특정한 가치를 지니고 있었고, 아내나 아들의 어머니도 다른 가치를 지니고 있었으며, 당연히 처녀는 그중 높은 가치를 가지고 있었습니다.

당신의 사회적 지위와 관계없이 여성으로서의 정체성이 당신의 하늘 아버지를 가장 순수하게 반영합니다. 당신의 가치를 기억하는 것은 매우 중요합니다. 모든 인간을 위해 지불된 대가가 동일하게 당신을 구원하기 위해 지불되었습니다. 그 누구도 열등하지 않습니다. 모든 사람은 탁월함을 받았습니다.

어떤 종교 지도자나 통치자들도 여성인 당신을 위협하거나 차별할 권리가 없습니다. 오직 예수님이 당신의 완전한 본이십니다. 그분은 종교를 따르지 않으셨습니다. 그분은 육신 안에 계신 하나님이자 신성한 사랑이셨습니다. 그분은 결코 여성에게 무안을 주거나, 겁먹게 하거나, 좌절하게 않으셨습니다. 오히려 그분은 사회에서 가장 불우한 사람들까지도 세우고, 격려하고, 친구가 되어주고, 안심시켜 주셨습니다. 예수 그리스도는 어제나 오늘이나 영원토록 동일하시니라(히 13:8). 그분의 참으로 아름다운 태도는 변함이 없으십니다. 그분은 당신이 있는 곳에서, 당신을 있는 그대로 보십니다. 그분은 당신의 입마개, 굴레, 장애물, 족쇄에 주의를 기울이십니다. 예수님을 믿으면 그분이 당신에게 자유를 전하실 것입니다.

여인아, 자유하라! 여인아, 네가 풀려났느니라!

이는 예수 그리스도께서 하신 당신의 자유에 대한 선포입니다.

종교적인 자만심에 맞섰습니다

예수님이 장애가 있는 여성에게 자유를 주셨을 때, 회당의 종교지도자는 뻔뻔한 자만심으로 앙갚음을 했습니다. 경건한 체하는 종교의 엄격한 제한이 있는 곳 외에 어떤 곳에서 손님을 그렇게 무례하게 대하겠습니까?

예수님은 우리의 있는 그대로, 우리가 있는 곳에서 우리와 관계를 맺는 방법을 알고 계십니다. 그리고 그분은 탁월하게 한마디로 평가하셨습니다.

회당장은 화가 나서 사람들에게 이렇게 말했습니다: 사람들이 일할 날이 엿새나 있으므로 그 동안에 와서 병을 고칠 것이요, 안식일에는 하지 말아야 하리라(눅 13:14).

곤궁한 사람들에 대한 회당장의 경멸은 예수님의 신랄한 반응을 불러일으켰습니다: 너 위선자야!

위선자는 속이는 자입니다. 리더십의 위치에 있는 사기꾼은 사람들을 잘못된 길로 인도합니다. 그 종교 지도자는 자신들의 율법을 따르는 일에 너무 전념한 나머지 그의 인생에서 가장 위대한 기회를 놓쳤습니다. 그는 하나님을 봤지만 자신의 오만으로 인해 그분을 알아보지 못했습니다. 그는 종교에 눈이 멀어 버렸습니다.

위선자는 당신에게 어떤 일을 약속하지만, 그 일이 아닌 다른 일을 할 배신자입니다. 위선자는 사기꾼이자 협잡꾼이며 부당하게 요구하는 자입니다.

예수님은 "너 위선자야!"라는 한마디로 그분의 메시지를 전달하셨습니다. "너는 하나님을 대표하는 척하지만 실제 너는 잔인하고 무감각한 사람이다. 너는 하나님의 율법을 맡았지만, 율법에 율법을 더하며 왜곡했다. 너는 너의 편협한 계략을 위해 사람들을 분리시키고 나눴다."

직접 그려진 그림 혹은 세뇌된 그림?

종교는 하나님에 대한 왜곡된 그림을 그립니다. 그 지도자는 자신의 마음속에 형성된 종교 속의 하나님만 알았기 때문에 육신 안에 계신 하나님을 알아보지 못했습니다. 그가 아는 하나님은 냉혹하고 거친 분이었습니다. 그는 온화하고 사랑 많은 예수님 안에 계신 하나님을 알아보지 못했습니다.

종교는 사람들이 속임수를 알아채지 못하고, 어떠한 행동을 취하지 못하게 하는 아편으로 불려왔습니다.

종교는 점잖 빼는 사람과 같습니다. 종교 교사들은 예수님이 사람들을 가르치던 회당의 회당장처럼 자신들의 그릇된 가르침으로 하나님께 대한 태도를 형성합니다. 사람(특히 여성)에 관한 우리의 습관적인 태도는 종교에서 비롯됩니다. 우리가 예수님을 믿고, 그분을 우리 삶의 주님이자 구원자로 받아들일 때 우리는 종교의 영으로부터 구출될 수 있습니다.

종교의 영이 떠나면 우리는 하나님의 성령을 받을 수 있고 그리스도와 같이 되기 위해 하나님이 주신 능력을 개발할 수 있습니다.

당신의 마음에 심겨진 씨앗을 점검하며 자신의 태도를 지키십시오. 예수님의 삶과 가르침을 거스르는 태도가 있는지 확인하십시오. 잘못된 씨앗을 제거하고 진리의 씨앗을 받으십시오.

종교 지도자에 대해 살펴보았으므로 이제는 안식일에 회당에서 일어난 일의 중심에 있던 여성에게 다시 주의를 돌려보도록 하겠습니다.

그녀는 이 사이에 서있었습니다.

종교와 권리

증오와 사랑

전통과 진리

경멸과 궁휼함

수치와 그분의 은혜

그리고 그녀는 승리자가 되었습니다.

그녀는 왜 회당에 있었습니까? 그녀는 남성 유대인들을 위해 마련된 예배 장소에 들어갈 수 없었습니다.

선입견에 근거한 믿음

분리는 성전과 회당 설립의 기초가 되는 원칙이었습니다. 그들은 사람과 하나님, 유대인과 이방인, 남성과 여성, 제사장과 제사장이 아닌 사람들 간의 구별을 강조했습니다.

현관을 포함한 성전 건물은 6개의 별도 구역 혹은 뜰로 나뉘어져 있고 한 구역 위에 또 다른 구역이 위치하는 형태로 지어져 있었습니다.

외국인의 출입이 허락된 곳은 이방인의 뜰이 유일했습니다. 이 뜰은 가장 낮은 층에 위치했으며, 실제로 성전의 외부에 있었습니다.

신성한 담은 이방인의 뜰에서 3피트 위에 있었습니다. 이방인들은 배정된 지역을 벗어날 수 없었고 이를 어길 시 사형에 처해야 했습니다.

유대인 여성이 들어갈 수 있었던 여성의 뜰(때로는 금고라고도 불림)은 신성한 담보다 3피트 더 높았습니다. 그러나 여성들은 그들의 뜰 외에는 들어갈 수 없었습니다.

이스라엘의 뜰은 여성의 뜰보다 10피트 더 높았고 오직 유대인 남성들만 들어갈 수 있었습니다.

제사장의 뜰은 제사장들을 위해서만 구별된 공간이었으며 이스라엘의 뜰보다 3피트 위에 있었습니다.

하나님의 집은 제사장의 뜰보다 8피트 위에 있었으며 성소와 지성소로 나뉘었습니다. 제사장들은 정해진 시간에 특정한 임무를 수행하기 위해 성소에 들어갔고 오직 대제사장만이 일 년에 한 번, 속죄일에만 지성소에 들어갈 수 있었습니다.

실제 성전에서 이방인들을 배제한 것은 유대인들이 자신들을 하나님께 택함 받은 민족으로 여기고 그들을 다른 민족과 완전히 구별함을 보여줍니다.

뜰마다 다른 위치와 접근권이 있었다는 것은 유대인의 종교 체계에 엄격한 계급이 있었다는 사실을 강조하고 있습니다.

일 년에 한 번 들어갈 수 있는 대제사장을 제외하고는 그 누구도 지성소에 접근할 수 없다는 점은 하나님의 거룩하심과 사람들로부터 그분의 구별되심에 관한 실제 예시였습니다.

강요된 종교적 고립

유대인 회당은 성전을 본떠서 만들어졌습니다.

회당의 형태와 내부 배치는 그 회당을 세운 특정 유대인의 부와 건축 장소에 따라 달라집니다. 그러나 모든 시대와 국가의 유대인 회당들을 하나로 묶는 전통적인 특성들이 있습니다.

그러한 전통적인 특이점 중 하나는 예배 장소에서 여성들을 차별하는 것입니다. 여성들은 주로 위쪽 좌석과 같은 구별된 공간이나 그들을 가려주는 격자무늬 칸막이 뒤에 갇혀 있었습니다.

등이 굽은 여성이 예수님을 직접 만날 날, 회당에서는 종교적 고립, 차별적 장벽, 경건한 제한을 볼 수 있었습니다. 그런데 그녀는 왜 그곳에 있었습니까? 무엇이 그녀를 여성 좌석에 이르는 계단을 오르게 했습니까? 그녀에게 동기를 부여한 것이 종교였습니까? 아니면 그녀가 안식일에 예수님께서 회당에 계실 것이라고 들었기 때문입니까?

전통 혹은 진리

종교가 여성들에게 행하는 일들은 흥미롭습니다. 저는 전 세계적으로 다양한 종교가 일하고 있는 것을 보았습니다. 저는 한 국가의 문화, 전통, 관습 및 태도가 그녀의 종교를 만든다고 생각하게 되었습니다. 종교는 강력한 힘을 가지고 있지만, 예수님의 능력이 더 강합니다. 그녀가 안식일에 회당에 가게 한 이유는 종교적 습관이었을 수도 있지만, 그녀의 필요를 충족시킨 분은 종교와 안식일보다 위대한 분이셨습니다.

그날, 여성들을 향한 하나님의 사랑과 긍휼함이 놀라운 방식으로 입증되었습니다. 만일 문화, 전통, 종교가 당신을 낙담하게 하거나, 고분고분하게 하거나, 굴종하도록 강요한다면, 예수님의 이 선포는 당신을 위한 것입니다: 여인아, 자유하라! 여인아, 네가 풀려났느니라!

저는 종교가 낳은 문화와 전통이라는 쌍둥이를 보았습니다. 종교적인 여성들은 종종 자신이 선택한 일을 하기보다는 자신이 해야 하는 일들을 하며 살아갑니다. 그들은 선택이 아닌 의무로 살아갑니다. 그들은 자신 안에 있는 하나님의 능력에 응답하고 개발하는 기쁨을 누리는 대신 규칙과 요구사항들에 굴복합니다.

여성으로서 당신은 항상 이것을 기억해야 합니다. 당신의 목표는 그리스도를 따르는 것이며 당신의 순종은 그리스도를 향한 것입니다. 이것이 당신을 위한 하나님의 좋은 소식입니다. 그분은 당신의 자유를 위해 큰 값을 지불하셨습니다. 당신의 족쇄에서 자유로워지십시오(요 8:36).

그러므로 그리스도께서 우리를 자유케 하셨으니 자유 안에 굳게 서서 다시는 종의 멍에를 메지 말라(갈 5:1).

한계가 있고 제한적이지만, 배우고 있습니다

물리적 제약이 있던 이 여성은 회당에 가기 위해 필요한 노력을 했습니다. 저는 그녀가 예수님이 그곳에 계시다는 소식을 들었을 것이라 믿습니다. 바로 이것이 그녀가 그 장소에 있었던 이유입니다. 또한 예수님도 그녀가 올 것을 아셨을 거라 믿습니다. 그분은 당신에 관한 모든 것을 아십니다. 당신이 이 좋은 소식을 읽는 동안 예수님은 당신과 교제할 준비가 되어 있으십니다. 그분의 음성에 귀 기울이십시오. 등이 굽은 여성이 그랬던 것처럼 그분께서 당신에게 시키신 일을 하십시오. 그러면 당신도 오늘 완전히 자유해질 것입니다.

여성으로서 종교와 문화에 의해 부여된 복종하는, 침묵하는, 열등한 역할을 받아들이지 마십시오. 당신이 예수님을 삶의 주님으로 받아들일 때 당신에게는 그 무엇도 문제가 되지 않습니다. 그분은 당신을 통해 그분의 사랑과 리더십을 표현하기 원하십니다.

문화적 제약과 종교적 통제를 받아들이는 여성 신자(그리스도인)는 그녀를 통해 나타나기 원하시는 예수님을 제한하고 있는 것입니다. 오직 그녀만이 그녀의 삶 안에서 그리고 삶을 통해 역사하시는 그리스도를 제한할 수 있습니다: 너희 몸은 너희가 하나님으로부터 받은 바 너희 안에 계신 성령의 전인 것을 알지 못하느냐?(고전 6:19) 여성 안에 있는 하나님의 성령은 조용히 있기 위해 계신 것이 아닙니다. 이것은 좋은 소식입니다. 이를 믿고 완전한 자유 안에 사십시오.

어떠한 랍비도 예수님이 그날 회당에서 하신 일을 한 적이 없습니다. 그러나 예수님은 랍비 그 이상이셨습니다. 그분은 육신 안에 계신 하나님이셨습니다. 저는 그분이 사람들을 가르치며 주변을 바라보는 모습을 봅니다. 그분은 먼저 회당장을 보셨고, 그 다음 특별한 영광의 자리에 앉아 있는 몇몇 중요 유대인 인사들을 보셨고, 그리고는 성소에 가득한 가부장적인 유대인들을 보셨습니다. 그러나 예수님은 여성들을 감추고 차단시키는 벽을 투과하여 그들을 계속 보셨습니다. 저는 낮은 자아상과 한계를 지닌 여성들에게 집중된 그분의 완전한 관심을 봅니다.

여성들에 대한 보증

그분이 전통적인, 경건한 체하는, 편견 있는 남성들 너머를 바라보실 때, 여성 좌석에서는 기대, 소망, 믿음이 태어났습니다. 모든 눈들이 예수님을 바라보고 있었습니다! 하나님은 행동을 취하셨습니다! 그것은 분리에 대한 규탄, 우선순위의 선포, 여성들에 대한 보증, 자기 의에 대한 침묵을 위한 시간이었습니다.

그때 예수께서 그 여인을 보시고 불러 말씀하시기를(눅 13:12), 그녀는 예수님의 초청을 통해 사랑과 긍휼함을 경험했습니다. 이는 그녀에게 그분의 부르심에 순종할 힘과 용기를 주었습니다. 그녀는 종교적 제도에 대한 두려움보다 예수님을 더 신뢰했습니다.

한 여성이 하나님이 창조하신 그대로 살아가려면 용기가 필요합니다. 만약 그녀가 사람들이 자신에 대해 어떤 말을 하든지 두려워하지 않고, 하나님의 뜻을 받아들이고, 경건한 체하는 가부장적인 가르침들을 놓아버린다면 그녀는 예수님을 따르는 여성이 될 수 있습니다.

예수님은 모든 사람 앞에서 그 여성을 부르셨습니다. 그분은 그녀와 그녀의 필요를 확인하는 일이 부끄럽지 않으셨습니다. 그분은 당신에 대해서도 부끄럽게 여기지 않으십니다. 그분은 당신을 있는 그대로, 당신이 있는 그곳에서 인정하십시오. 담대하십시오. 그 여성에 대한 그분의 태도는 하나님의 성품, 그분의 본성을 나타냅니다.

예수님은 변하지 않으셨습니다. 그렇지만 그분은 아래의 내용들이 변하게 하셨습니다.

아무것도 할 수 없던 안식일에서

선한 일을 할 수 있다는 허락으로

제한에서 회복으로

고립에서 깨달음으로

통제받는 삶에서 다스리는 삶으로

수모에서 환희로

체념에서 결단으로

속박에서 자유로

속박에서 변화로

예수 그리스도는 어제나 오늘이나 영원토록 동일하시니라 (히 13:8).

용감한 치유된 여성

저는 등이 굽은 여성에 대해 읽을 때면 항상 전 세계에 있는 여성들을 생각합니다. 저는 이와 같은 육체적, 정신적, 영적 상태에 있는 많은 여성들을 봐왔습니다.

우리의 동아프리카 집회에서 귀신들로부터 구출된 광인 카리우키의 어머니가 그런 여성 중 한 명이었습니다. 그녀는 유년기 때부터 자신의 육체적인 능력을 훨씬 넘어서는 무거운 짐들을 날랐습니다. 그래서 그녀는 등이 굽어졌고 몸을 제대로 펼 수 없었습니다.

카리우키가 기적적으로 회복된 후, 그녀는 우리의 복음 집회에 오기로 결정했습니다. 그러나 집회에 가는 것은 쉽지 않았습니다. 그녀의 등은 굽었고, 그 일대에는 언덕이 많았으며, 사람들이 너무 많았기 때문입니다. 그녀의 분투는 열매를 맺었습니다. 그녀는 생애 처음으로 예수님의 복음을 들었습니다. 그녀는 그분을 자신의 구원자로 받아들였습니다. 그리고 즉시 자신의 속박에서 해방되었습니다. 그녀는 일어서고, 굽히고, 점프하고, 뛸 수 있었고, 완전히 치유되었습니다. 그녀는 완전히 자유로워진 여성이었습니다.

예수님은 오늘날에도 어려운 짐들을 지고 살아가느라 등이 굽은 여성들에게 자신이 있는 곳으로 오라고 부르고 계십니다. 그분은 당신에게 관심을 갖고 계십니다. 그분은 당신의 짐을 덜어주고 당신이 심리적, 육체적, 영적 속박에서 벗어나 일어설 수 있는 힘을 주고 싶어하십니다. 그분은 당신을 통해 상처 입은 자들의 필요를 돌보고 싶어하십니다.

동일시되고, 존귀해지고, 의로워졌습니다

예수님이 계신 회당에 가기 위해서 그녀에게는 엄청난 믿음, 신뢰, 용기가 필요했습니다. 그녀는 지정된 좌석을 떠나 조심스럽게 계단을 오르고 남성 구역의 신성한 문턱을 넘어섰습니다. 모든 사람들이 그녀를 바라보았습니다. 모든 눈들이 예수님 혹은 그분의 사랑의 대상인 그 여성에게 고정되었습니다.

자유에는 지불해야 하는 값이 있습니다. 그리고 그녀는 그 값을 지불했습니다. 그녀는 종교 순수주의자들에게 살해당할 위험이 있었습니다. 예수님도 안식일을 훼손하거나 안식일에 일을 한 것에 대해 엄격한 형벌을 규정해 놓은 유대인 율법때문에 위험을 무릎쓰고 계셨습니다. 종교 지도자들은 치유를 일 하는 것으로 여겼습니다.

등이 굽은 여성은 자신의 발목에 힘을 주어 서서히 연사 쪽으로 걸어갔습니다. 예수님은 그녀가 창피함이나 보복을 피할 수 있도록 그녀와 출입구에서 만나셨을 수도 있습니다. 그렇지만 저는 왠지 그녀가 회당의 가장 신성한 장소인 예배당을 완전히

통과하여 예수님을 만난 것이 꼭 필요한 일이었을 것이라 믿습니다. 얼마나 대단한 자유의 메시지가 표현된 것입니까?

그녀가 예배당의 중앙 구역으로 왔을 때, 예수님은 그녀에게 말씀하셨습니다: 여인아, 네가 너의 병약함에서 풀려났느니라(눅 13:12). 그녀에게 안수하시니(눅 13:13). 예수님은 왜 이 여성에게 손을 얹으셨습니까? 그분은 말씀하셨고, 그분의 말씀이 치유를 가져왔습니다. 이것으로 충분하지 않습니까?

율법보다 위대한

하늘에 계신 우리 아버지의 본성이 그분의 독생자 예수님 안에서 나타난 것을 보면 정말 놀랍습니다. 종교적인 전통과 문화는 이미 여성들을 남성들보다 낮은 지위로 평가 절하하고, 하나님의 이름으로 그들에게 종살이와 수치심을 선고했으며, 심지어 여성들이 그분께 직접적으로 나아갈 수 없게 했습니다.

예수님은 그 여성과의 만남에서만 네 가지 유대인 율법을 어기셨습니다.
1. 사람들 앞에서 여성에게 말씀하셨습니다.
2. 남성들, 즉 더 우월한 성별이라고 일컬어지는 자들을 위한 구역에 그 여성을 데리고 오셨습니다.

3. 그녀를 회당에서 가장 신성한 장소로 여겨지는 강단으로 데리고 오셨습니다.
4. 그녀를 치유하셨습니다. 이것은 안식일에 일로 여겨집니다.

　이제 그분은 다섯 번째 위반사항을 범하셨습니다. 그분은 사람들 앞에서 공개적으로 여성을 만지셨습니다. 종교적인 율법에 대한 이 다섯 번째 위반사항은 은혜, 자비, 진리가 되었습니다.

　그 여성은 예수님께 협력했습니다. 그녀는 순종했습니다. 그녀는 용감했습니다. 그녀는 종교적인 율법과 규칙들을 버리고 예수님을 전통과 문화보다 더 크신 분으로 받아들였습니다. 그녀가 자신의 족쇄에서 해방되기 위해서는 끝까지 가서 예수님이 그녀에게 시키신 모든 일을 해야 했습니다. 그녀는 그분께 순종했기 때문에 온전해졌습니다.

당신의 세상을 바꾸십시오

　당신도 같은 여성으로서 다르지 않습니다. 당신을 제한하는 전통이 무엇이든지 예수님을 위해 전력을 다하고, 심리적으로, 육체적으로, 영적으로 완전히 온전해지십시오. 당신이 갖고 있는 종교적 장애물들로부터 자유로워지십시오. 그것들은 절대 당신을 하나님께로 인도하지 않을 것입니다.

여인아, 자유하라! 얼마나 대단한 명령입니까! 얼마나 위대한 선포입니까! 얼마나 귀한 기회입니까! 예수님께서 당신이 할 수 있다고 말씀하신다면, 당신은 반드시 해야 합니다. 여성이여, 자유하십시오!

당신은 사탄의 통치로부터 자유로워졌습니다. 죄는 더 이상 당신을 다스릴 수 없습니다. 당신은 더 이상 다른 사람의 통제 아래에 있을 필요가 없습니다. 여성이여, 예수 이름 안에서 자유하십시오. 지금 자유해지기로 선택하십시오!

당신은 종교적인 제한에서 자유합니다. 당신의 심리적인 문제들로부터 자유합니다. 여성이여, 자유하십시오! 당신은 귀합니다. 예수님은 당신을 존중하십니다. 당신은 하나님의 인류를 향한 꿈에 중요한 존재입니다. 그분은 사람들에게 사랑을 전하기 위해 당신을 필요로 하십니다. 하나님은 당신을 통해 그분의 참으로 아름다운 자비를 보이길 원하십니다. 조용히 있지 마십시오. 당신을 해방해주신 예수 그리스도에 대해 말하십시오.

성경 시대에 불구였던 그 여성이 그랬던 것처럼 담대하게 예수님께 다가가십시오. 그녀는 18년 동안 제대로 설 수 없었습니다. 그것이 얼마나 그녀를 의기소침하게 만들었겠습니까? 얼마나 많은 안식일들을 보냈겠습니까? 몇 번이나 회당을 오고 갔겠습니까? 예수님을 그곳에서 만났을 때, 그녀의 세상은 바뀌었습니다. 예수님은 당신도 바꾸실 것입니다. 그러면 당신은 자신의 세상을 바꿀 수 있습니다.

여인아, 네가 너의 병약함에서 풀려났느니라(눅 13:12).

당신은 풀려났습니다. 당신은 용서받았습니다. 당신은 사면되었습니다. 당신은 자유해졌습니다.

예수님은 이 시대와 영원을 위해 그러한 선포를 하셨습니다. 당신을 위해 선포하셨습니다. 여인아, 자유하라! 여성이여, 당신은 풀려났습니다! 당신은 복음을 전할 수 있습니다. 당신은 가르칠 수 있습니다. 당신은 예수님을 따르는 여성이 될 수 있습니다! 머리부터 발끝까지 자유하십시오. 용기를 내고 예수님께 협력하십시오. 그분은 당신을 부르고 계십니다. 그분은 당신에게 이렇게 말씀하십니다. 여인아, 네가 너의 병약함에서 풀려났느니라. 그분의 해방을 받아들이고 온전해지십시오.

예수님은 말씀하셨습니다: 여인아, 네가 풀려났느니라. 당신의 속박은 깨졌습니다. 당신의 사슬은 풀렸습니다. 당신은 자유합니다.

사람이 가장 중요합니다

당신은 그 여성과 같은 상황일 수 있습니다. 다른 사람들이

푸른 하늘을 바라보고 있을 때 그녀는 바닥을 쳐다보고 있었습니다. 다른 사람들이 기회를 볼 때 그녀는 불가능한 것들을 봤습니다. 다른 사람들이 제한과 통제 없이 살아갈 때 그녀에게는 제한과 한계가 있었습니다. 예수님은 그녀에게 일어서고, 앞으로 나아가고, 올려보고, 그녀가 한 번도 경험하지 못한 상태가 되도록 능력을 주셨습니다. 그녀에게는 용기와 확신이 있었기 때문에 모든 것이 가능했습니다.

여성이여, 자유하십시오! 예수님은 당신을 자유롭게 하십니다: 그러므로 만일 아들이 너희를 자유롭게 하면 참으로 너희가 자유롭게 되리라(요 8:36). 진리를 알게 되니 그 진리가 너희를 자유롭게 하리라(요 8:32).

예수님은 종교 체계에 맞서셨습니다. 그분은 여성들에게 새로운 날을 주셨습니다. 그분은 새로운 세상을 소개해 주셨습니다. 그분은 새로운 가능성과 기회를 안내해 주셨습니다. 그분은 자신의 메시지를 종교의 중심과 전통적인 권위에 가져오셨습니다.

그분은 여성들에 대한 하나님의 태도를 보여주셨습니다. 다른 어떤 교사도 회당에서 한 여성을 우선시하기 위해 다섯 가지 종교적인 율법을 단호하게 무효화한 적이 없습니다. 그때 예수님이 하신 일은 장애가 있던 여성만이 아닌 당신을 위해서 하신 일이었습니다. 그분은 하나님이 얼마나 전통적이지 않으신 분인지,

그분이 얼마나 당신을 만나길 원하시는지, 어떤 종교 교리도 하나님을 바꾸거나, 통제하거나, 주장할 수 없는지 보여주셨습니다. 하나님은 사랑이십니다! 그분은 항상 사랑이셨고, 영원히 사랑이실 것입니다. 만일 당신의 종교가 다르게 가르친다면 예수님은 당신에게 이렇게 말씀하십니다: 여인아, 너는 자유롭다! 속박에서 벗어나십시오. 그 여성처럼 예수님을 향해 걸어가십시오. 그분께 도착했을 때 그녀는 온전해졌습니다.

전통은 사람을 공포에 사로잡히게 할 수 있습니다

만일 당신이 종교 지도자들로 인해 겁을 먹었거나 검열당했다면, 혹은 당신이 전통 아래 있거나 매여있다면 예수님께 의지하십시오. 당신이 그분과 연결될 때 당신의 종교적, 심리적, 육체적, 또는 영적인 족쇄는 무엇이든지 풀릴 것입니다. 예수님의 이름 안에서 자유하십시오.

예수님은 당신을 부정적인 생각, 죄책감, 정죄감, 열등감, 소심함, 두려움, 불안함, 우울함에서 자유롭게 하십니다.

예수님은 여성들을 알코올 중독과 마약으로부터 자유롭게 하십니다. 당신이 예수님으로 인해 온전해지면 당신의 갈망, 생각, 습관은 변화합니다. 종교는 당신을 바꿀 수 없습니다.

그러나 예수님은 당신을 바꿀 수 있고, 바꾸십니다. 그분이 당신에게 새로운 생명 곧 그분의 생명을 주시기 때문입니다.

한 젊은 매춘부가 우리의 집회에 참석했습니다. 그녀는 마약을 사기 위해 자신의 몸을 팔았습니다. 그녀는 감옥에 다녀왔지만, 감옥은 그녀를 바꾸지 못했습니다. 세 살 버릇은 여든까지 가기 마련입니다. 그러나 그녀는 복음을 듣고 자신의 삶에 대한 새로운 목적을 발견했습니다. 그녀는 예수님을 자신의 구원자로 받아들였습니다. 그녀의 삶은 완전히 변화되었고 그녀는 타락한 사람들을 예수님께로 인도하는 사랑의 전도를 시작했습니다.

예수님이 삶을 만지시면 그 삶에는 대단한 변화가 일어납니다. 그분은 단번에 용서하고, 치유하고, 회복시키십니다. 종교는 당신을 위해 이런 일을 할 수 없지만 예수님은 하실 수 있고, 실제로 이 일을 하십니다. 여성이여, 당신은 족쇄에서 풀렸습니다. 예수 이름 안에서 자유하십시오!

아름답고 긍정적이고 놀라운 일

그 안식일에 회당에 있던 종교 지도자는 매우 화가 났습니다. 자신보다 더 높은 권위를 가지신 분이 말씀하셨습니다. 하나님의 아들인 예수님은 규칙들을 따르지 않았습니다. 그분은 하나님의 피조물 중 한 사람을 위해 아름답고 긍정적이고 놀라운 일을 하셨습니다. 그 사랑의 행동은 위선자를 밖으로 끌어냈습니다. 그러자 사람들은 종교와 역사하는 사랑 간의 차이를 볼 수 있었습니다. 그들은 예수님과 종교 중 하나를 선택할 수 있었습니다. 그들은 규칙을 위반한 행위의 심각성만을 바라보는 종교를 따르거나, 병든 여성을 보고 그녀를 온전하게 만든 예수님을 받아들일 수 있었습니다.

이는 오늘날 우리가 가지고 있는 '종교 vs 예수님'이라는 선택지입니다. 종교와 예수님은 동의어가 아닙니다. 종교와 예수님은 다른 세상을 나타내며 다른 운명으로 이어집니다. 하나는 죽음이고, 하나는 생명입니다. 예수님은 말씀하셨습니다: 나는 길이요 진리요 생명이라(요 14:6). 그 아들이 있는 자는 생명이 있고 하나님의 아들이 없는 자는 생명이 없느니라(요일 5:12).

예수님은 오만한 위선자에게 이의를 제기하셨습니다: 너희 각자는 안식일에 외양간에서 자기 소나 나귀를 풀어서 물 먹이려고 끌고 가지 아니하느냐?(눅 13:15) 보라, 이 여인은 아브라함의 딸로서 18년 동안이나 사탄에게 매여 있었는데 안식일에 이 속박에서 풀어주는 것이 당연하지 아니하냐?(눅 13:16)

이 위선자는 표면적으로는 종교에 대해 염려한 것처럼 보이지만, 내적으로는 그저 잔혹하고 무감각한 사람일 뿐이었습니다.

그는 하나님의 형상대로 창조된 사람보다, 동물에 더 많은 관심을 가지고 있었습니다. 그는 소에게 물을 먹이기 위해서 안식일에도 기꺼이 소를 풀어줄 것입니다. 그러나 예수님이 안식일에 그 여성을 풀어주자 그는 화를 냈습니다.

이 불구였던 여성은 예수님만이 해소시켜줄 수 있는 목마름을 가지고 있었습니다. 그분은 그녀의 족쇄를 풀어주셨고 그녀는 목마름이 해소될 때까지 마셨습니다.

종교를 무색하게 만드셨습니다

예수님은 종교의 가치를 무색하게 하는 여러 가치들을 소개하셨습니다.

예수님은 종교적 규칙의 속박과 가혹함으로부터 여성들을 해방시켜 주셨고 인류에게 자비와 용서를 베푸셨습니다. 따라서 당신은 법령과 강압에 굴복할 필요가 없습니다.

여성이여, 자유하십시오! 당신은 특별합니다. 당신은 하늘에 계신 아버지의 독특한 피조물입니다. 그분은 당신을 얼마나 귀하게 여기는지 보여주시기 위해 자신의 아들인 예수님을 보내셨습니다. 그분은 당신을 필요로 하십니다. 그분은 당신을 믿으십니다. 인류를 향한 그분의 꿈에 있어서 당신은 중요한 존재입니다.

예수님은 당신을 해방시켜 주신 분이고 당신의 친구이며 구원자이십니다. 예수님은 당신의 치유자, 공급자, 평안, 보호이십니다. 예수님은 당신에게 용서, 평안, 긍지, 목적을 주십니다.

다른 사람들의 태도가 당신에게 영향을 줄 수 없습니다. 중요한 것은 당신의 태도입니다. 당신은 어떤 태도를 지니고 있습니까? 당신은 예수님을 따르기로 선택했습니까? 당신은 자유합니까? 당신의 속박은 사라졌습니까?

그 여성이 속박에서 자유해진 후에 어떤 일을 했을 것이라 생각합니까? 그녀의 삶이 예전과 같은 모양일 것 같습니까? 저는 그렇게 생각하지 않습니다. 저는 예수님이 여러 마을을 돌아다니시면서 많은 사람들에게 하나님이 그들을 얼마나 사랑하는지 알리실 때 그녀가 예수님을 따르는 사람들 중 한 명이 되었을 것이라고 믿습니다.

지금 당신도 이 일을 할 준비가 되어 있습니다. 예수님을 당신의 구원자로 받아들이십시오. 이 다섯 가지의 쉽지만 중요한 일들을 행하십시오. 당신은 바로 지금 할 수 있습니다.

첫 번째는 이것을 인식하는 것입니다: 이는 모든 사람이 죄를 지었으므로 하나님의 영광에 이르지 못하더니(롬 3:23). 죄는 당신을 하나님으로부터 떨어뜨려 놓습니다.

두 번째는 자신의 죄를 뉘우치고 회개하는 것입니다: 너희도 회개하지 않으면 모두 이와 같이 멸망하리라(눅 13:3). 하나님께서 세상을 이처럼 사랑하셔서 그의 독생자를 주셨으니, 이는 그를 믿는 사람은 누구든지 멸망하지 않고 영생을 얻게 하려 하심이라(요 3:16).

세 번째는 당신의 죄를 하나님께 고백하는 것입니다: 자기 죄들을 숨기는 자는 번성하지 못할 것이나, 죄를 자백하고 버리는 자는 누구나 자비를 얻으리라(잠 28:13).

우리가 우리 죄들을 자백하면 그는 신실하시고 의로우셔서 우리 죄들을 용서하시며, 모든 불의에서 우리를 깨끗하게 하시느니라(요일 1:9).

네 번째는 당신이 저지른 모든 죄를 용서해달라고 하나님께 구하는 것입니다: 그 사랑하시는 이 안에서 우리는 그의 은혜의 풍성함을 따라 그의 피를 통하여 구속 즉 죄들의 용서함을 받았느니라(엡 1:7).

다섯 번째는 예수님을 당신의 구원자로 받아들이는 것입니다: 네가 네 입으로 주 예수를 시인하고 또 하나님께서 그를 죽은 자들로부터 살리신 것을 네 마음에 믿으면 구원을 받으리라. 이는 사람이 마음으로 믿어 의에 이르고 입으로 고백하여 구원에 이르기 때문이라(롬 10:9-10).

당신은 지금 바로 예수님과 연결될 수 있습니다.

저와 함께 이 기도를 하십시오. 그리고 기도는 단순히 당신의 사랑하는 하늘 아버지인 하나님께 기도하는 것이라는 점을 기억하십시오. 그분은 사랑으로 당신을 받아주십니다.

하늘에 계신 아버지, 당신의 아들 예수님을 나의 해방자로 보내주셔서 감사합니다.
저를 너무나 사랑하셔서 저의 죄의 속박으로부터 벗어날 길을 제공해 주시니 감사합니다.
당신은 저를 위해 자신의 생명을 주신, 당신의 아들 예수님을 주셨습니다.
이는 당신이 여성인 저에게 어떤 가치를 부여하는지 보여줍니다.
아버지, 저는 예수 그리스도를 통해 당신의 용서와 당신의 생명을 받아들입니다.
예수님, 저에게 선택권이 있음을 알려주셔서 감사합니다.
저는 예수 그리스도를 따르는 자가 되기로 선택합니다. 또한 저는 제 인생에서, 결코 제가 여성이기 때문에 주님을 제한하지는 않기로 선택합니다.
아버지, 자유라는 선물에 감사드립니다. 저는 예수 이름으로 그 선물을 받습니다.

오늘부터 당신은 저의 사랑스러운 주님이자 온화한 주인이십니다.

아버지, 감사합니다. 저는 이제 당신의 모든 영혼들을 향한 자유의 꿈의 동역자입니다. 저는 하나님의 왕가의 공주입니다.

제 삶은 이제 의미와 목적을 가집니다.

예수님 감사합니다.

아멘.

이제 당신도 예수님의 자유롭게 하는 말씀을 들었습니다: 여인아, 자유하라! 당신은 종교적인 전통과 문화의 속박에서 벗어나 긍지를 가지고 일어설 수 있습니다. 당신은 열등감, 소심함, 무가치함으로부터 자유합니다.

당신은 소중합니다. 당신은 예수님을 따르는 사람입니다. 이제 당신의 삶은 소망과 행복, 용서와 성취, 평안과 목적의 새롭고 즐거운 삶의 차원에 돌입했습니다!

하나님의 축복이 당신과 함께 하기를 바랍니다.

3장

삶은 선택입니다

왜 어떤 여성들은 직접 행동을 취하는 반면 어떤 여성들은 반응만 보입니까? 왜 어떤 여성들은 친구들의 의견에 의지하는 반면 어떤 여성들은 자기 자신을 신뢰합니까?

여성은 모든 일에서 나쁜 혹은 좋은 선택, 두려운 혹은 사랑의 선택, 오만한 혹은 겸손한 선택, 증오의 혹은 감사의 선택 중 고를 수 있습니다.

모든 여성은 자신의 문화에 의해 정해진 자신의 역할을 극복해야 합니다.

당신을 위한 좋은 소식은 하나님께서 당신의 삶을 향한 아름다운 계획을 가지고 계시다는 것입니다. 예수 그리스도를 선택하고, 예수님이 그분의 계획에 따라 당신을 인도하게 하십시오.

하나님에 대한 당신의 믿음은 사람들에 대한 당신의 믿음으로 나타납니다. 하나님에 대한 당신의 사랑은 사람들에 대한 당신의 사랑으로 나타납니다.

예수님이 당신의 세상의 중심이시라면 당신의 말, 즉 당신의 영향력은 아름답고 멋진 세상을 창조합니다.

당신이 가지고 있는 것을 보십시오. 당신이 알고 있는 것을 보십시오. 당신이 할 수 있는 것을 보십시오. 하나님은 절대 여성들의 역할을 제한하지 않는다는 것을 기억하십시오.

3장

삶은 선택입니다

이 장에서 여성으로서 당신은 하나님께서 당신이 되기 원하시는 모든 것이 되는 일이 얼마나 단순한지 발견하게 될 것입니다. 당신을 향한 그분의 계획은 아름답습니다.

다음 구절들은 제 인생의 목표를 반영하고, 제가 인생을 살아온 방식을 묘사합니다. 여성 시인 아만다 브래들리가 적은 글입니다.

주님, 제가 꿈꾸는 자가 되게 하시고, 행동하는 자가 되게 하소서. 제가 노력하고 꾸준히 성취하게 하소서.

제가 배우는 자가 되고 가르치는 자가 되게 하소서. 제가 다른 사람에게 주고 은혜롭게 받게 하소서.

제가 당신을 따르는 자가 되게 하소서. 제가 당신의 친구가 되게 하소서. 제가 당신의 음성을 듣고 당신의 부름에 귀 기울이게 하소서.

당신이 저를 위해 가지고 있는 특별한 계획들을 알려 주소서. 그리고 당신의 도움으로 그 모든 계획들을 성취하게 하소서.

삶에서 완전한 성취를 이루기 위해서는 반드시 선택의 중요성을 배워야 합니다.

왜 어떤 여성들은 직접 행동을 취하는 반면 어떤 여성들은 반응만 보입니까? 왜 어떤 여성들은 친구들의 의견에 의지하는 반면 어떤 여성들은 자기 자신을 신뢰합니까?

왜 어떤 여성들은 평가절하되거나 수치심을 느낍니까? 그리고 왜 어떤 여성들은 항상 칭찬이나 존경을 받습니까?

당신도 해당됩니다

바울은 남성들과 여성들을 위해 로마서를 썼습니다. 그는 유대인, 바리새인으로 태어났습니다. 그러나 그는 회심하여 그리스도인이 되었고 예수님의 거듭난 제자가 되었습니다. 이 편지는 유대인이 아닌 사람들, 이방인들에게(우리를 포함합니다.) 쓰여졌으며 바울이 신뢰하던 뵈뵈를 통해 고린도에서 로마로 전달되었습니다.

예수 그리스도의 종 바울은 사도로 부르심을 받아 하나님의 복음을 위하여 성별된 바(이는 그분께서 자기의 선지자들을 통하여 성경에 미리 약속하신 것이라.) 이 복음은 그의 아들 예수 그리스도 우리 주에 관한 것으로, 그는 육신으로는 다윗의 씨에서 나셨으며 거룩의 영으로는 죽은 자들로부터 부활하여 능력으로 하나님의 아들로 선포되셨으니 그를 통하여 우리가 은혜와 사도의 직분을 받아 그의 이름을 위하여 모든 민족 가운데서 믿음으로 순종하게 하나니 그들 가운데서 너희도 예수 그리스도의 부르심을 받은 자들이니라. 하나님의 사랑을 받고 성도로 부르심을 받은 로마에 있는 모든 사람에게 하나님 우리 아버지와 주 예수 그리스도로부터 은혜와 평강이 있을지어다 (롬 1:1-7).

그러므로 우리가 믿음으로 의롭게 되었으니, 우리 주 예수 그리스도를 통하여 하나님과 화평을 갖느니라(롬 5:1).

우리는 믿는 자로서 물러서거나 요동하지 않습니다. 우리는 구원의 권세 위에 서서 전진합니다. 또 그분으로 인하여 우리가 서 있는 이 은혜 안에 믿음으로 나아가며 하나님의 영광의 소망 안에서 즐거워하느니라(롬 5:2).

거울에 비친 모습을 드러내십시오

저와 남편은 1945년에 인도로 향하는 미 해군 전함을 타고 있었습니다. 저는 에이미 맥퍼슨의 이야기를 읽고 있었습니다. 그녀는 젊은 여성이었을 때 남편과 함께 선교사로 중국에 갔습니다.

중국에서 사역하는 동안 에이미의 남편과 어린 아들은 병들게 되었습니다. 그녀의 남편을 중국 땅에 묻은 지 얼마 지나지 않은 시점이었습니다. 에이미는 19살의 나이에 과부가 되어 어린 아들과 함께 집으로 돌아오게 되었습니다.

그 경험을 다시 생각해보면, 에이미 맥퍼슨의 삶과 사역에 대한 이러한 슬픈 사연들이 저를 감동시켰다는 것이 놀랍습니다. 제가 기억하는 그녀의 긍정적이고 성공적인 경험들도 많이 있습니다. 그녀는 수많은 기적들을 증거했으며 그녀의 삶의 영향력은 놀라웠습니다.

하지만 당시 그 어떤 일도 제게 깊은 인상을 주지 못했습니다. 제가 기억하는 일은 그녀의 남편의 죽음과 장사, 미망인이 된 일, 비탄에 잠겨 그녀의 아이와 고향으로 돌아온 일이었습니다.

어떤 이유 때문이었겠습니까? 아마 제가 남편과 함께 인도로 가는 중이었던 젊은 엄마이자 아내였기 때문일 것입니다. 저는 에이미의 삶에서 부정적인 면만 받아들였기 때문에 그녀의 경험을 저에게 부정적으로 연결시켰습니다. 그러나 그럴 필요가 없었습니다.

선택의 음성

왜 어떤 여성들은 부정적이고 어떤 여성들은 긍정적인지 아십니까? 왜 어떤 여성은 때로는 긍정적이다가 때로는 부정적입니까?

이는 우리의 선택 때문입니다. 우리는 살면서 끊임없이 선택을 합니다. 우리가 무언가를 보거나, 듣거나, 읽을 때 우리는 즉각 선택을 합니다. 우리는 그것을 좋아하거나 좋아하지 않을 것입니다. 우리는 믿거나 믿지 않을 것입니다. 우리는 받아들이거나 거절할 것입니다. 우리가 각 상황에 반응하는 방식은 우리가 내리는 선택에 따라 결정됩니다.

우리는 상황마다 기회를 선택하기도 하고 기회를 무시하기도 합니다.

당신은 지금 이 책이 당신의 삶에 어떤 영향을 끼치게 할지를 선택하고 있습니다. 여성은 모든 일에서 나쁜 혹은 좋은 선택, 두려운 혹은 사랑의 선택, 오만한 혹은 겸손한 선택, 증오의 혹은 감사의 선택 중 고를 수 있습니다.

선택을 내리는 사람은 바로 당신입니다.

제가 어렸을 때, 하나님이 사용하는 사람이라는 용어가 자주 쓰였습니다. 그러나 저는 그때부터 하나님은 여성들을 사용하지 않으신다고 배웠습니다. 그분은 여성들에게 사용할 수 있는 것들을 주십니다. 그분은 우리에게 선택할 수 있는 능력을 주십니다. 그리고 그분은 우리의 선택권을 존중하십니다. 그동안 너무 많은 사람들이 여성의 선택권을 사용하고, 남용하고, 오용해왔습니다.

당신을 위한 좋은 소식은 하나님이 당신의 삶에 대해 아름다운 계획을 가지고 계시다는 것입니다. 그분은 당신의 삶을 향한 설계도, 계획, 일정표를 가지고 계십니다. 당신이 해야 할 일은 자신을 그리스도에 연결시키는 것이며 그분이 그분의 설계도에 따라 당신을 인도하시도록 내어드리는 것입니다.

여성으로서 당신이 대면하는 모든 상황에서 항상 기회를 찾으십시오. 당신의 선택할 수 있는 능력을 사용하십시오. 하나님의 편에 서기로 결정하십시오. 삶의 모든 분야에서 그리스도를 더 많이 따를수록, 당신은 더 많은 확신을 가지게 될 것입니다. 당신의 삶을 향한 하나님의 뜻을 아는 것이 그다지 어렵지 않다는 것을 알게 될 것입니다. 이것이 여성인 당신이 하나님께서 원하시는 존재가 되는 법을 배우는 방식입니다.

당신의 숨겨진 능력

때때로 여성들은 다수와 함께 움직이는 것이 더 쉽다고 말합니다. 다른 여성들처럼 사는 것이 더 편합니다. 다른 사람들이 하는 일을 똑같이 하는 것이 더 안전합니다. 그러나 기억하십시오. 예수님은 당신을 볼 때 군중이나 다수로 보지 않으십니다. 그분은 당신을 한 개인으로 보십니다.

이것이 저와 제 남편이 해외 집회에 모여든 사람들을 섬기면서 실천한 원칙입니다. 우리는 전 세계 대규모 전도집회의 현대적인 개념을 정착시켰습니다. 그러나 우리는 사람들을 군중으로 보지 않습니다. 우리는 그들을 개개인으로 봅니다.

사람들은 우리에게 종종 묻습니다. "오늘 얼마나 많은 사람이 왔습니까?" 그러면 우리는 보통 이렇게 대답합니다. "모릅니다." 사람들이 끝없이 서 있다면 얼마나 많은 사람들이 모인 것입니까? 이는 우리에게 그저 엄청난 필요와 예수 그리스도의 복음에 대한 갈망을 가진 개개인들의 모임일 뿐입니다.

우리는 수많은 사람들을 섬길 때 하나님이 각 사람을 바라보고 계시고 각 사람에게 관심을 갖고 계시다는 사실을 알기 때문에 큰 확신을 가지고 있습니다.

지금 그분은 당신을 이렇게 바라보고 계십니다.

다른 여성들이나 남성들이 무엇을 하든지 당신은 하나님이 원하시는 존재가 되기 위해 다른, 독특한, 개인적인 선택을 자유롭게 내릴 수 있습니다.

하나님이 창조하신 그 독특한 여성 혹은 남성이 되는 일은 여간 어렵지 않습니다. 이는 노력과 훈련을 필요로 합니다. 당신의 삶에 그분이 참여하실 수 있게 하는 긍정적인 선택을 지속적으로 내려야 합니다. 당신은 그 선택을 통해 하나님이 주신 능력을 사용하여 일이 일어나게 하는 것입니다.

그런 의미에서 당신이 하나님과 예수 그리스도를 믿을 때가 아닌 당신이 하나님의 능력을 통해, 그분의 말씀을 따라, 그분이 당신에게 바라시는 일들을 할 때 당신 자신이 곧 기적입니다. 이것은 인본주의가 아닙니다.

문화의 한계

문화는 여성들이 하나님이 그들에게 원하시는 모습이 되는 일을 쉽지 않게 만듭니다.

문화란 무엇입니까? 저는 자주 종교는 쌍둥이를 가지고 있다고 말합니다. 하나는 문화이고, 또 다른 하나는 전통입니다.

모든 여성(그리고 남성)은 자신의 문화에 의해 정해진 자신의 역할을 극복해야 합니다. 저와 제 남편은 어떻게 어린 소녀들과 소년들이 태어난 순간부터 그런 정해진 역할 안에 던져지는지 관찰해왔습니다.

하나님은 사람들을 제한적인 역할 안으로 집어넣지 않으십니다. 저는 데이지 오스본입니다. 저는 티 엘 오스본 목사와 결혼하는 축복을 누렸습니다. 우리는 연인이자 친구, 동반자이며 배우자입니다. 그러나 제가 아내, 엄마, 할머니, 증조할머니라는 사실이 저의 정체성을 바꾸지는 않습니다. 저는 여전히 하나님이 창조하신 독특한 사람 데이지 오스본입니다. 사회가 저에게 부여한 역할이 나를 향한 하나님의 계획을 좌지우지할 수 없습니다.

종교의 쌍둥이인 문화와 전통은 보통 여성들이 하나님이 원하시는 존재가 되는 것을 막으려고 합니다.

만일 당신에게 충분한 믿음, 충분한 사랑, 충분한 용기, 하나님에 대한 충분한 신뢰와 사랑이 있다면 당신은 성공할 것입니다.

하나님에 대한 당신의 믿음은 사람들에 대한 당신의 믿음으로 나타납니다. 하나님에 대한 당신의 사랑은 사람들에 대한 당신의 사랑으로 나타납니다.

만일 당신이 자신의 세상에 관심을 가지고 하나님이 주신 선택권을 사용한다면, 당신은 무엇이든 극복할 수 있습니다. 당신이 무엇이든 성취할 수 있습니다. 당신은 위엄과 은혜로 그 일을 해낼 수 있습니다.

실제로 나타난 자유

마리아 우드워스-에터(1844-1924)는 시대를 앞선 여성이었습니다.

그녀는 12살에 구원받았습니다. 마리아는 "가서 잃어버린 양들을 찾아라."는 예수님의 음성을 들었습니다. 그러나 1800년대 후반 시기에 교회는 여성들이 복음을 전하는 것을 허용하지 않았습니다. 그 전통은 하나님에 대한 그녀의 순종을 지연시켰습니다. 결국 마리아는 주님께 이렇게 말했습니다: 저는 커서 선교사와 결혼하겠습니다. 그러고 나서 당신을 섬기겠습니다.

그러나 그것은 하나님이 계획하신 바가 아니었습니다. 마리아의 삶을 향한 하나님의 계획은 그 시대의 종교적인 기준에 제한을 받지 않았습니다. 하나님은 사람들을 향한 그분의 꿈을 절대 포기하지 않으십니다. 그리고 마침내 마리아는 "네"라고 대답했습니다.

이 놀라운 여성은 80세가 될 때까지 복음을 전했습니다.

그녀는 온갖 역경을 겪었음에도 불구하고 대단한 사역을 해냈습니다. 그리고 이 일들이 1800년대 후반과 1900년대 초반에 일어났다는 점을 기억하십시오. 이때는 헌법에 규정된 여성들의 권리가 지금처럼 강조되기 전입니다. 사람들의 삶은 힘들었으며 그들은 여성 설교자를 받아들일 만큼의 인내심이 없었습니다. 그러나 그녀는 하나님이 원하시는 모습으로 살았습니다. 그녀는 전국의 수백, 수천 명의 사람들을 직접 만나 복음을 전했습니다. 그리고 그녀의 설교는 미국의 복음전파 역사상 가장 놀라운 수백 건의 치유기적과 영혼구원으로 그 가치가 증명되었습니다.

마리아 우드워스-에터가 마지막으로 한 말은 "하나님이 과거에 하신 일은 미래에도 하실 것이다."였습니다. 얼마나 예언적인 간증입니까? 그리고 이것은 우리가 50년 넘도록 전 세계 수백만 명 사람들에게 사역하면서 목격한 엄청난 진리입니다.

하나님은 과거에 하신 일을 지금도 하시고 미래에도 하실 것입니다. 지금은 새로운 세대입니다. 그리고 당신은 그 세대에 속합니다. 하나님은 각 세대에게 그분을 계속 나타내십니다. 바울은 말했습니다: 그분은 자신을 증거없이 내버려 두지 않으셨으니(행 14:17). 그분은 결코 변하지 않으십니다. 그분은 새로운 세대에게 그분을 새롭게 보이시고 계속 동일한 일을 하십니다.

그분은 사람들이 만들어낸 모든 부정적인 전통들과 제한적인 문화에도 불구하고 끊임없이 사람들을 사랑하십니다.

여성들이여, 그때는 마리아 우드워스-에터의 시대였고 그녀는 하나님께 순종하기로 선택했습니다. 오늘은 당신의 날입니다. 여기 당신이 인생에서 내릴 중요한 선택들에 관한 다섯 가지 질문들이 있습니다.

첫 번째 질문
왜 하나님이 원하시는 그 존재가 되기로 선택해야 합니까?

교회 즉 모든 믿는 자들에게 가장 중요한 일은 세상을 복음화하는 것입니다. 이것이 여성인 당신에게도 가장 중요한 일입니까?

만일 당신에게도 사람들에게 복음을 전하는 것이 중요한 일이라면, 스스로에게 이 질문들을 하면서 결정해보십시오.

당신은 지금 소유한 돈으로 무슨 일을 합니까? 당신은 지금 가지고 있는 시간으로 무슨 일을 합니까? 당신은 자신의 재능으로 무슨 일을 합니까? 당신은 그리스도께 영혼들을 인도하기 위해 무슨 일을 하고 있습니까?

만일 당신의 대답이 하나님의 가장 중요한 일과 관련이 없다고 드러난다면, 당신은 다시 시작하고 하나님이 원하시는 모습이 되기로 결정할 수 있습니다.

두 번째 질문
왜 하나님의 계획에 참여하기로 선택해야 합니까?

믿는 자들, 여성들, 남성들, 소녀들, 소년들 모두에게 가장 중요한 기회는 그리스도에 대해 나누는 것입니다. 이것이 복음 전파이며 인생 최고의 선택입니다. 당신은 하나님께 중국에 보내 달라고 요청할 필요가 없습니다. 당신이 있는 곳에서 바로 시작하십시오. 당신의 가족, 이웃, 지역사회, 마을, 주, 국가에 복음을 전하십시오. 계속 전하십시오. 당신이 일단 한번 시작한다면 문은 계속 열릴 것입니다. 당신이 허용하지 않는 이상 성별이 당신을 방해할 수 없습니다.

가장 강력한 사실은 당신이 그리스도를 알 때 여성인 당신의 우선순위는 그리스도에 대해 나누는 일이라는 것입니다.

당신이 생명을 받는다면, 당신의 우선순위는 다른 사람들과 생명을 나누는 일입니다.

당신이 치유된다면, 당신의 우선순위는 다른 사람을 치유하는 능력이 되는 일입니다.

당신이 축복을 받는다면, 당신의 우선순위는 다른 사람에게 축복이 되는 일입니다.

당신이 하나님의 용서를 받아들인다면, 당신의 우선순위는 다른 사람을 용서하는 일입니다.

당신이 사랑을 받는다면, 당신의 우선순위는 사랑이 필요한 사람들에게 사랑을 표현하는 일입니다.

이것이 믿는 자의 삶의 방식입니다. 너무 간단하게 들립니까? 실제로 간단한 일입니다. 핵심은 당신의 인식입니다. 당신 안에 살아계신 예수님을 인식하는 훈련을 하여 당신이 하나님께서 계획하신 존재가 되도록 하십시오.

스스로에게 이렇게 말하며 인식하십시오: 예수님은 내 안에 계십니다. 나는 사람들을 예수님의 눈으로 바라봅니다. 예수님은 이 땅에서 내 눈으로 바라보십니다. 그분은 나를 통해 보고 계십니다.

그렇습니다. 하나님의 팔은 전 세계에 펼쳐져 있습니다. 그러나 그 팔은 당신과 같은 믿는 자들의 팔입니다. 믿는 사람들을 통해 다른 사람들에게 복음을 전하려는 하나님의 선택이었습니다. 그리고 그분은 절대 우리의 인종, 지위, 혹은 성별에 의한 제한을 받지 않으십니다.

하나님은 그분의 일을 하기 위해 당신과 저를 선택하셨습니다. 저는 그리스도의 일을 하기로 선택했습니다. 당신은 어떻습니까?

세 번째 질문
어느 장소에서 하나님의 계획을 나타내기로 선택해야 합니까?

당신의 세상에서 하나님의 계획을 나타냅니다. 당신의 세상은 당신의 영향력이 필요합니다. 당신의 세상이란 무엇입니까? 당신을 둘러싼 세상입니다.

당신의 영향력은 당신의 세상에서 엄청난 창조적인 능력을 가지고 있습니다. 그 이유는 다음과 같습니다. 우리 모두는 자신이 원하는 종류의 세상을 자기 주변에 만들 수 있는 힘을 가지고 있습니다. 그 능력은 씨앗의 형태로 존재합니다. 그리고 우리의 씨앗은 우리의 말, 생각, 행동입니다. 이것들로 우리는 우리 세상에 있는 사람들에게 영향을 미칩니다. 이것이 우리가 주변 사람들을 하나님이 원하시는 존재로 성장시키는 방법입니다.

예수님이 당신의 세상의 중심이시라면 당신의 말, 즉 당신의 영향력은 아름답고 멋진 세상을 창조합니다.

하나님이 원하시는 존재가 되기로 선택하십시오. 당신의 인종이나 성별은 잊으십시오. 당신의 주님께 순종하기로 결정하십시오.

이 왕국 복음이 모든 민족에게 증거되기 위하여 온 세상에 전파되리니 그런 후에야 끝이 오리라(마 24:14).

우리가 갈 곳을 비자를 받을 수 있는 국가들로 한정하면 안 된다는 사실을 기억하십시오. 초기 그리스도인들이 합법적인 곳에서만 복음을 전하고 증거했다면 복음은 전 세계에 전파되지 않았을 것입니다. 성경은 말합니다: 그때에 예루살렘에 있는 교회에 큰 박해가 가해졌으니 … 그러므로 널리 흩어진 사람들(남성들과 여성들)이 가는 곳마다 말씀을 전하더라(행 8:1-4).

감옥살이하던 삶에서 신성한 사명의 삶으로

캘리포니아에서 열린 우리의 집회에 한 마약 밀수조직이 참석했습니다. 그들은 멕시코 국경을 넘어 남부 캘리포니아로 코카인을 밀수한 혐의로 감옥에 다녀왔습니다. 그들은 마약 사업으로 10억 달러를 벌었습니다.

그리고 나서 그들 모두는 놀랍게 회심했습니다. 그들의 아내, 남편, 자녀들, 형제, 부모님, 장인어른, 장모님, 삼촌, 숙모, 사촌

등 온 가족이 예수 그리스도를 받아들였습니다. 그들은 복음의 빛으로 빛나게 되었습니다.

저는 그들에게 말했습니다: 당신들의 밀수하는 능력을 잃어버리지 마십시오. 지금 전 세계의 90퍼센트 정도의 사람들은 믿는 자들이 밀수입한 복음만을 받아들일 수 있는 상황입니다.

그 밀수업자 가족은 하나님께서 그들을 향한 계획이 있으시며 그들의 재능을 바꾸거나 버리지 않아도 된다는 제 말을 듣고 매우 안도했습니다. 그들이 해야 할 일은 자신들의 재능을 복음을 밀수하는 데 활용하는 것뿐이었습니다.

그것이 하나님이 사람들을 받아들이시는 방식입니다. 그것이 하나님이 당신을 받아들이신 방식입니다. 그분은 당신이 있는 곳에서 당신을 인도하시고, 당신의 삶을 사람들과 그분의 왕국을 위해 아름다운 삶으로 만드십니다.

심고 거두십시오

그리하여 먼저 복음이 모든 민족 가운데 선포되어야만 하리라(막 13:10).

이것이 바로 우리가 132개의 다른 언어들로 출판물을 인쇄하여 전 세계에 배포하는 이유입니다.

이 일 후에 내가 보니 보라, 모든 민족들과 족속들과 백성들과 언어들에서 온 아무도 셀 수 없는 큰 무리가 흰 옷을 입고 그들의 손에는 종려나무 가지를 들고 보좌 앞과 어린 양 앞에 서서 큰 음성으로 소리질러 말하기를 "구원이 보좌에 앉으신 우리 하나님과 어린 양에게 있도다."라고 하더라(계 7:9-10).

당신은 하나님이 원하시는 존재가 되기로 선택하겠습니까? 그분이 원하시는 모든 곳에 있기로 선택하겠습니까? 여성들과 남성들, 모든 믿는 자들, 그리스도를 따르는 모든 자들, 당신과 저는 모두 하나입니다. 당신이 때때로 하나님이 당신에 관해 생각하고 계신 일들을 시작하고 수행할 준비가 되지 않았다고 느끼십니까? 당신에게 드리는 저의 조언은 그저 시작하라는 것입니다. 당신은 지금 첫 걸음을 내딛을 준비가 되어있습니다. 그리고 당신은 오늘 내딛은 걸음으로 내일의 도전들을 위해 준비될 것입니다.

당신은 가르치는 일을 통해 배울 것입니다.

당신은 주는 일을 통해 받을 것입니다.

당신은 심는 일을 통해 수확할 것입니다.

당신은 나눠주는 일을 통해 성장할 것입니다.

이것이 당신의 성공에 대한 하나님의 공식입니다.

어떤 곳으로 가고 싶습니까? 목표를 이루고 싶습니까? 어떤 것을 성취하고 싶습니까? 저는 방금 당신에게 공식을 알려드렸습니다.

우리는 사람들과 함께 성장하며 하나님과 함께 성장합니다.

우리는 사람들과 함께 살며 하나님과 함께 삽니다.

사람들과 함께하는 것은 멋진 일입니다.

허가된 권한

저는 당신이 여성으로서 하나님이 원하시는 존재가 되기로 선택하기를 권면합니다.

왜 그렇습니까? 오직 여성들이 여성들의 세상을 바꿀 수 있고, 오늘날 세상에는 남성들보다 여성들이 더 많기 때문입니다. 어떤 사람들은 헌신된 믿는 자들의 3/4은 여성들이라고 추정합니다.

요엘은 이렇게 예언했습니다: 그 후에, 내가 내 영을 모든 육체 위에 부으리라. 그러면 너희 아들들과 너희 딸들이 예언할 것이요, 너희 노인들은 꿈들을 꿀 것이며, 너희 청년들은 환상을 보리라(욜 2:28).

여성들이여, 오직 당신만이 당신의 세상을 바꿀 수 있습니다. 그 일을 하기로 선택하십시오. 다른 사람의 허락은 필요치 않습니다. 당신은 가장 높은 권위를 지니신 당신의 주님으로부터 명령을 받았습니다.

당신은 예수님께 명령을 받았습니다. 장로 평의회, 신학자 위원회, 사제 혹은 추기경이 당신이 무슨 일을 할지 말해줄 때까지 기다리지 마십시오. 위임을 받았습니다.

당신은 명령을 받았습니다. 당신은 어떤 권세를 받았는지 알고 있습니다. 가서 그 일을 하십시오. 비참한 세상에 가서 그리스도를 전하십시오.

변화를 환영하십시오

예수 그리스도 안에서 자신의 정체성을 발견하는 여성은 화평하게 하는 사람입니다. 그녀는 겸손합니다. 그녀는 누구나, 언제나, 어디에서나 기꺼이 섬깁니다. 그리고 예수 그리스도 안에 자신의 정체성을 가지고 있는 사람들은 항상 밖으로 드러나게 됩니다. 그런 종류의 섬김은 최고의 리더십입니다.

당신이 무엇을 가지고 있는지 보십시오. 당신이 무엇을 아는지 보십시오. 당신이 무엇을 할 수 있는지 보십시오. 당신이 무엇을 모르고, 무엇이 없고, 무엇을 할 수 없는지에 대해 걱정하지 마십시오.

당신이 할 수 있는 일을 하십시오. 당신이 가진 것을 주십시오. 당신 자신으로 사십시오. 당신이 아는 것을 나누십시오. 그리고 자신이 성장하는 것을 보십시오.

사람들은 이렇게 말할 것입니다. 도대체 당신에게 어떤 일이 일어난 것입니까? 당신은 굉장히 수줍어하던 사람이었지 않습니까? 당신은 정말 조용히 있었습니다.

답은 간단합니다. 당신은 자신의 선택권을 발견했고 제대로 살기 시작했습니다.

예수님은 이렇게 말씀하셨습니다: 그렇지만 너희 가운데서는 그래서는 아니되느라. 너희 가운데 누구든지 크게 되고자 하는 자는 너희를 섬기는 자가 되고 너희 가운데 누구든지 으뜸이 되고자 하는 자는 모든 사람의 종이 되리라(막 10:43-44).

여성들과 남성들이여, 당신에게 한계는 없습니다. 당신은 그리스도의 사역 가운데 최고의 기회, 즉 다른 사람들을 돕는 일을 선택할 수 있습니다.

네 번째 질문
언제 선택해야 합니까?

오늘 선택해야 합니다. 오늘날처럼 지구에 사는 사람이 많았던 때가 없었습니다. 오늘날처럼 충족되어야 할 필요와 해결되어야 할 문제가 많았던 때가 없었습니다. 지금처럼 우리가 만나야 하는 잃어버린 영혼들이 많았던 때가 없었습니다.

그러나 지금처럼 우리가 사용할 수 있는 훌륭한 발명품들과 정교한 기기들이 많았던 때가 없었습니다. 우리가 활용할 수 있는 시설들과 지식이 많습니다. 수많은 기회들이 열려 있습니다. 이제 비참한 세상에서 오늘 우리가 마주하는 큰 기회들을 활용할 때입니다.

수확할 것들이 많습니다. 가능성에는 한계가 없습니다.

일꾼은 적습니다. 하나님은 당신을 필요로 합니다. 당신은 독특합니다. 당신은 중요합니다. 그 누구도 그분이 당신을 위해 예비하신 일을 대신할 수 없습니다.

시간이 얼마 없습니다. 지금보다 더 좋은 때는 없습니다. 오늘 시작하기로 선택하십시오.

왜 그래야 합니까? 당신이 예수 그리스도를 따르는 자이기 때문입니다.

누가 해야 합니까? 당신이 해야 합니다. 당신이 믿는 자이기 때문입니다.

어디에서부터 시작해야 합니까? 당신이 영향력을 끼칠 수 있는 당신의 세상에서 시작해야합니다.

언제 시작해야 합니까? 지금 시작해야 합니다. 당신의 세상은 당신을 필요로 하기 때문입니다.

다섯 번째 질문
어떻게 선택해야 합니까?

먼저 하나님과의 관계를 바르게 해야 합니다. 당신 안에 있는 하나님을 발견하십시오. 당신이 하나님과 바른 관계일 때 당신은 그분이 원하시는 존재가 되기로, 그분이 원하시는 곳에 있기로 선택할 수 있습니다.

당신이 그분의 편에 서서 그분과 함께하기로 선택한다면 당신은 그분이 원하시는 존재가 될 수 있는 문을 열게 됩니다.

하나님의 동역자 중 한 사람으로서 저는 당신이 하나님의 위대한 호의에 관한 이 놀라운 메시지를 받아들이시기를 바랍니다: 하나님이 말씀하시기를, "내가 기뻐 받아들여진 때에 네 말을 들었고 구원의 날에 너를 도왔도다. 보라, 지금이 기뻐 받아들여진 때요, 보라, 지금이 구원의 날이라."(고후 6:2)

지금은 당신의 삶의 모든 차원에서 하나님이 원하시는 모습으로 살아가는 것을 시작할 때입니다.

당신은 복음을 나누기 위해 개인적으로 어떤 일들을 하고 있습니까? 당신의 교회가 하고 있는 일이 아닌, 믿는 자로서 당신 개인이 하나님의 왕국의 확장을 위해 하고 있는 일은 무엇입니까? 당신은 예수님을 증거하는 자가 되고 싶습니까?

먼저 하나님과 바른 관계가 되어야 합니다. 오늘 당신은 하나님이 당신에게 주시는 생명을 받아들이기로 선택할 수 있습니다. 그분은 당신을 사랑하십니다. 그리고 당신을 향해 오직 선한 것만을 갈망하십니다. 주 예수 그리스도를 믿고 이 기도를 하며 거듭나십시오.

주 예수님, 저를 위해 당신이 십자가에서 하신 일에 감사드립니다.

당신이 제 죄를 감당하셨습니다. 당신이 제 질병을 감당하셨습니다.

당신의 의를 저에게 주셨습니다. 당신의 건강을 저에게 주셨습니다.

저는 저의 죄를 회개합니다. 제가 한 모든 잘못들을 용서해 주십시오.

저는 당신의 사랑과 용서를 받습니다.

저는 제 주님이시며 구원자이신 예수님을 제 삶 안으로 환영합니다.

저는 당신의 건강을 받아들입니다. 이제 당신이 제 안에 사시기 때문에 제 몸은 신성합니다. 저는 당신이 제 몸이 건강하기 원하신다는 것을 압니다.

저는 제 세상에 당신의 대사가 되기 원합니다. 제 눈으로 보시고, 제 귀로 들으시고, 제 입술로 말씀하시고, 제 얼굴로 웃으시고, 제 생각으로 생각하시고, 당신이 원하는 존재로 저를 지으소서.

오늘부터 저는 믿음과 사랑과 확신으로 전진합니다. 저는 당신이 원하시는 존재가 되기 위한 모든 기회를 선택합니다.

예수님, 저에게 주신 새로운 생명에 감사드립니다.

아멘.

이제 당신은 시작할 준비가 되었습니다. 기억하십시오. 당신은 하나님께 중요합니다. 그분은 매일 모든 기회에 필요한 용기를 주기 위해 당신과 함께 계시며, 당신 안에 계십니다.

오늘은 당신의 놀라운 선택의 능력을 사용하는 날입니다. 결코 늦지 않았습니다. 지금 예수 이름 안에서 시작하십시오.

하나님의 축복이 당신과 함께 하기를 바랍니다!

4장

섬김을 통해 이끄십시오

예수님은 섬김을 통해 이끄는 것을 알려주셨고, 위대함의 특징인 종 되심을 보여주셨습니다. 예수님은 온유하셨습니다. 그분은 친절하셨습니다. 그분은 종이셨습니다. 그러나 그분은 모든 지도자들 가운데 가장 위대하셨고 지금도 가장 위대하십니다.

참된 종이란 당신이 스스로 선택하여 그리스도를 따르는 여성이 되는 것입니다. 당신은 섬기기로 선택합니다. 당신은 솔선수범합니다. 당신은 사회에서 규정한 여성의 사회적 역할을 수행하는 것이 아닙니다. 당신은 예수님의 삶의 방식을 받아들였습니다.

긍정적인 선택들을 내리십시오. 더 많은 선택을 할수록 더 나은 선택을 할 수 있습니다. 의사결정을 훈련하십시오. 만약 당신이 자신의 삶에 대한 결정을 내리지 않는다면, 다른 사람이 당신을 대신해서 결정할 것입니다. 다른 사람이 당신의 미래를 정할 것입니다. 이 권리를 절대 다른 사람에게 넘겨주지 마십시오.

여성으로서 당신이 기억해야 하는 원칙이 있습니다. 당신이 선택을 내리면서 경험하게 되는 위험은 당신이 선택권을 행사하지 않음으로써 스스로를 위험에 노출시키는 취약함에 비한다면 전혀 위험이 아닙니다.

절대 자신의 꿈을 포기하지 마십시오. 당신의 야망과 개인적인 목표는 중요합니다. 그것들이 실현되는 것을 보기 위해 전념하십시오. 절대 포기하지 마십시오!

무엇을 하든지 종의 마음과 심령으로 하십시오. 이러한 태도가 그리스도를 따르는 여성인 당신의 삶에 가져올 변화에 당신은 놀라게 될 것입니다.

4장

섬김을 통해 이끄십시오

어떤 종도 두 주인을 섬길 수 없나니, 그가 한 편은 미워하고 다른 편을 사랑하거나, 한 편은 존경하고 다른 편을 경시하게 됨이라(눅 16:13).

너희 가운데서 가장 큰 자는 너희의 종이 되어야 하리라. 누구든지 자신을 높이는 자는 낮아질 것이요, 자신을 낮추는 자는 높아지리라(마 23:11-12).

만일 누구든지 첫째가 되고자 하면 모든 사람의 끝이 되고 모든 사람의 종이 되리라(막 9:35).

예수님은 섬김을 통해 이끄는 것을 알려주셨고, 위대함의 특징인 종 되심을 보여주셨습니다. 예수님은 온유하셨습니다. 그분은 친절하셨습니다. 그분은 종이셨습니다. 그러나 그분은 모든 지도자들 가운데 가장 위대하셨고 지금도 가장 위대하십니다. 우리는 과감하게 그분의 가르침과 본을 따를 수 있습니다. 그렇게 함으로써 그분은 우리에게 그분과 같은 종이 되는 일에 필요한 마음가짐을 주십니다. 그것이 진정 섬김을 통해 이끄는 것이며 이는 당신을 건강한 자아상을 지닌 여성의 범주 안에 들어가게 합니다.

예수님이 '종'이라는 단어를 사용하셨을 때 그분은 특정 사회 계급을 말씀하신 것이 아니었습니다. 그분은 삶의 방식을 의미하신 것이었습니다. 누군가가 일방적으로 당신을 종으로 만들 수는 없습니다. 만약 누군가가 당신에게 섬기도록 강요했거나 당신이 책임감을 느껴 섬기고 있다면 당신은 종이 아니라 노예입니다.

선택은 자주성을 의미합니다

여성의 선택권은 그녀의 성공에 매우 중요하기 때문에, 저는 이 장을 여성 그리스도인들이 자신의 선택권을 인식하고 사용하는 필수 능력을 개발하도록 돕는 일에 할애하려고 합니다.

참된 종이란 당신이 스스로 선택하여 그리스도를 따르는 여성이 되는 것입니다. 당신은 섬기기로 선택합니다. 당신은 솔선수범합니다. 당신은 사회에서 규정한 여성의 사회적 역할을 수행하는 것이 아닙니다. 당신은 예수님의 삶의 방식을 받아들였습니다.

예수님은 말씀하셨습니다: 이방 나라의 왕들이 그들에게 주권을 행사하며, 또 그들에게 권력을 행사하는 자들은 공로자들이라 불리려니와 너희는 그렇게 되지 말고, 너희 중에 가장 큰 자는 더 작은 자같이 되며, 다스리는 자는 섬기는 자와 같이 되어야 할지니라(눅 22:25-26).

여성들이 문화와 종교의 이중적인 영향을 통해 습득하는 노예의 사고방식 혹은 태도가 있습니다. 반면, 여성들이 복음에 대한 이해와 그리스도의 가르침과 본을 받아들임으로써 취하는 종의 사고방식 혹은 태도가 있습니다.

노예 콤플렉스를 가진 여성은 두려움을 전제로 살아갑니다. 그러나 종의 태도를 가진 여성은 사랑을 전제로 살아갑니다.

두려움과 사랑은 모두 강력한 동기입니다. 두 동기의 차이는 두려움으로 인한 행동의 결과와 사랑으로 인한 행동의 결과를 통해 볼 수 있습니다. 두려움으로 행한 사람은 분개, 괴로움, 복수, 제한, 비관주의, 억압, 불행 등의 결과를 보게 되며 이는 단지 몇 가지 예시일 뿐입니다.

그러나 사랑으로 행한 사람은 포용, 조화, 용서, 자유, 낙관주의, 용기, 행복, 완전한 성취의 결과를 보게 됩니다.

노예는 다른 사람의 기분, 태도, 요구, 우선순위 및 갈망에 의해 자신의 삶이 결정되는 사람입니다. 노예는 자신의 선택권을 다른 사람에게 넘겼기 때문에 자신의 목표, 갈망, 재능, 능력 및 야망이 마비상태에 이른 사람입니다.

지배로부터의 자유

누군가가 끊임없이 당신의 갈망을 조정하도록, 당신의 우선순위를 바꾸도록, 당신이 선택한 책임을 회피하도록, 당신의 꿈을 포기하고 필요를 무시하도록 강요한다면, 당신의 삶에는 당신이 노예로 살면서 자신이 임명한 주인에게 복종하는 영역이 있는 것입니다. 당신이 어떤 사람을 자신의 주인으로 삼게 되면 당신은 두려움으로 행동하게 됩니다. 그러나 당신이 예수님께 순복한다면 당신은 사랑으로 행동하게 됩니다.

예수 그리스도의 복음은 여성들을 노예삼지 않습니다. 복음은 여성을 모든 속박에서 자유롭게 합니다. 예수님을 당신의 구원자이자 주님으로 믿고 받아들이십시오. 그러면 당신이 노예로 살았던 모든 영역에서 진정 자유로워질 것입니다. 당신은 위대함을 선택할 수 있고 진정한 리더가 될 수 있습니다.

복음은 당신이 여성으로서 묶여 있던 모든 것에서 자유롭다는 좋은 소식입니다. 당신이 진정 속박에서 자유롭다면 다른 사람의 지배 아래 있지 않을 뿐만 아니라 다른 사람을 지배하려고 하지도 않습니다.

예수님은 말씀하셨습니다: 너희가 내 말에 거하면 참으로 나의 제자가 되고 진리를 알게 되리니 그 진리가 너희를 자유롭게 하리라(요 8:31-32). 예수님께서 주시는 자유는 죄와 타인의 소유와 지배로부터의 자유입니다. 예수님이 어떤 분인지 아십시오. 복음이 나타내는 진리가 무엇인지 아십시오.

여성인 당신은 선택권을 가지고 있습니다. 먼저 예수님을 선택하십시오. 예수님을 선택한다면 당신은 자신의 옛 주인인 사탄과 그 아래 있는 자들로부터 해방됩니다.

역사상 가장 위대한 종은 예수님이었습니다. 그분은 종이 되기로 선택하셨습니다. 그분은 우리의 본보기이시며, 우리의 리더, 주님, 주인이십니다.

자유에 대한 헌신

예수 그리스도의 복음은 여성을 종교에서도 해방시킵니다.

종교는 여성들의 생각과 삶을 노예로 만들기 위해 자체적으로 지어낸 교리들과 미신들 그리고 부패한 의견들을 말합니다.

바울은 유대인의 율법과 예수의 가르침을 조합하려고 했던 종교인들에 대해 이렇게 말했습니다: 그들은 우리가 그리스도 예수 안에서 가진 우리의 자유를 엿보려고 가만히 들어와 우리를 노예로 삼고자 함이더라(갈 2:4).

바울은 말했습니다: 하나님께 감사드리는 것은 너희가 죄의 종이었으나 너희에게 전하여 준 교리의 본을 마음으로부터 순종하여(그리고 결과적으로 너희의 삶을 그분께 드려서) 죄(그리고 사탄)에서 해방되어 의(예수님, 즉 하나님)의 종이 되었음이라(롬 6:17-18).

그 일은 당신의 선택과 결정을 통해 일어납니다. 당신에게는 선택권이 있습니다. 당신은 결단력 있게 행동할 수 있습니다.

선택권을 잃을 때 당신은 노예의 위치로 떨어지게 됩니다. 이런 일은 서서히 일어날 수 있습니다. 당신은 의사결정하는 것을 훈련해야 합니다. 어떤 결정을 내릴 때 당신은 선택하는 능력을 사용하는 것이기 때문입니다. 선택하는 능력은 다른 능력들과 마찬가지로 끊임없이 개발됩니다.

선택의 기술

만일 당신이 여성으로서 자신의 삶에 대한 결정을 내리지 않는

다면 다른 사람이 대신 그 결정을 내릴 것입니다. 다른 사람이 당신의 미래를 결정하게 될 것입니다. 당신의 선택권을 절대 다른 사람에게 넘기지 마십시오.

당신의 선택은 여성으로서 당신이 어떻게 살지, 어떻게 번영할지, 어떻게 축복을 받을지, 어떻게 열매 맺는 삶을 살지 결정합니다. 당신은 자신의 문제, 실패, 불행, 곤경에 대해 다른 사람을 비난할 수 없습니다. 결정을 내리십시오. 당신의 상황을 바꾸기로 선택하십시오.

예수님이 당신의 삶을 인도하시고 당신이 그분을 따르는 자일 때, 그분은 당신이 마주한 문제들의 해결책에 대한 영감을 줄 아이디어를 주실 것입니다. 그러한 신성한 아이디어는 당신의 실패를 호의와 성공으로, 불행을 기쁨으로, 절망적인 상황을 긍정적이고 생산적인 기회로 바꿀 것입니다.

여성으로서 당신이 기억해야 하는 원칙이 있습니다. 당신이 선택을 내리면서 경험하게 되는 위험은 당신이 선택권을 행사하지 않음으로써 스스로를 위험에 노출시키는 취약함에 비한다면 전혀 위험이 아닙니다.

하나님은 모든 여성을 그분의 뜻으로 창조하셨습니다. 우리는 그분의 뜻을 지속적으로 행하고 있습니다. 하나님은 절대 우리의 뜻이나 선택을 묵살하지 않으십니다. 그러나 우리가 그분의 말씀을 통해 그분의 주파수에 맞춰져야 그분이 우리를 성공의 길로 인도하실 수 있습니다. 우리는 나쁜 선택을 내릴 수도 있지만 그분은 우리를 절대 포기하지 않으십니다. 그분은 우리에게 나쁜 선택을 바로잡을 또 다른 선택을 할 능력을 주셨기 때문입니다.

당신이 예수님을 선택하면 당신은 사탄의 권세로부터 자유롭게 되고, 그는 더 이상 당신의 주인일 수 없게 됩니다. 그러면 당신도 더 이상 그의 노예가 아닌 것입니다. 예수님이 당신의 주님이자 리더이자 주인이 되십니다. 당신은 그분의 종이 됩니다. 당신은 이 땅에서 그분을 나타내는 자가 됩니다.

당신은 오직 한 주인만 섬길 수 있으며 주인을 선택하는 것은 모든 여성의 권리입니다.

노예 상태의 징후들

노예라는 단어를 들으면 자동적으로 노예의 역사와 사슬에 묶인 노예가 떠오르십니까? 모든 국가는 과거 특정 시기에 노예들이 있었고, 많은 사회에서는 여전히 존재합니다. 그러나 그들은 더 이상 구식의 비하적인 용어인 노예라고 불리지 않을 뿐입니다.

노예들은 모든 인종에 존재하고, 다양한 언어들을 말하며, 여러 일들을 수행합니다. 그들은 사회의 모든 영역에 존재합니다. 그들은 공통점을 많이 가지고 있습니다. 당신도 그들 중 한 명입니까? 어떤 사람이 노예인지 정의한다면 당신의 삶에 있는 속박의 영역들을 발견할 수 있을 것입니다.

첫째: 노예들은 개인적인 관계들을 단절해야 합니다. 그들의 가족은 더 이상 그들에게 중요한 존재일 수 없습니다. 그들은 오랜 친구들을 떠나야 합니다. 개인적인 야망과 주도권은 억눌려집니다. 그들의 개인적인 가치들은 사라집니다. 굴종은 그들에게 끊임없이 요구되는 격하된 상태입니다.

그리스도를 삶의 주인으로 받아들이기로 선택할 때 그분은 당신에게 낙담하게 하는 제한을 부여하지 않으십니다. 당신이 소중하게 여기는 친구들과 관계를 끊을 것을 요구하지 않으십니다. 오히려 그분은 당신과 함께 일하시며 각 관계를 그분이 영광 받으실 긍정적인 상황으로 발전시키시거나 당신을 그 관계를 넘어서는 자로 성장시키실 것입니다.

예를 들어보겠습니다. 어떤 기혼 여성이 그리스도를 받아들이고 거듭났다고 해서 예수님이 그녀의 결혼생활을 중단시키지 않으십니다. 대신 예수님은 그녀를 통해 그녀의 배우자에 대한 그분의 사랑을 표현하시고 그를 그분에게로 인도하십니다. 부부 관계는 그 어떤 때보다 아름다워지며 예수님은 그 가정과 남편과 아내 모두의 주님이 되십니다.

사탄은 관계들을 가르고 단절시킵니다. 예수님은 관계들을 연결시키고 치유하십니다.

둘째: 노예들은 자신이 소중히 여기는 것을 뽑아내어 버려야 합니다. 그들이 자신이 선택하지 않은 곳으로 끌려가며 그들이 원치 않는 일을 해야 합니다.

그 귀한 아프리카 사람들이 강제로 미국으로 끌려가 노예로 팔렸을 때, 그들은 가족과 자신의 유산에 대한 모든 정체성을 잃었습니다.

이것이 사탄이 인류에게 하려는 일입니다. 그는 우리가 우리의 근원, 뿌리를 잃기 원합니다. 우리는 하나님의 형상으로 창조되었습니다. 그러나 사탄은 그 형상을 왜곡하고 파괴하고 싶어하며 살아계신 하나님의 자녀들인 우리의 관계들을 단절시키기 원합니다.

사탄은 여성인 당신이 그가 선택한 곳으로 가도록 강요합니다. 그는 당신이 하고 싶지 않은 일을 하도록 강요할 것입니다. 그는 당신을 노예 수준으로 격하시킬 것입니다. 그는 이 일을 어떻게 합니까? 그는 사람, 시스템, 문화, 전통, 종교를 통해 그의 더러운 일을 합니다.

사탄은 거짓말쟁이이고, 도둑이며, 살인자입니다. 도둑이 오는 것은 도둑질하고 살인하며 멸망시키려고 오지만(요 10:10), 사탄은 항상 사람들을 종속적인 위치로 끌어내리려고 합니다.

예수님은 당신의 삶에 들어오실 때 당신을 그분의 수준으로 끌어올리십니다. 그분은 당신의 자유를 보호하십니다. 그분은 당신의 뜻과 선택을 통해 일하십니다. 그분은 당신에게 그분의 본성, 가치, 우선순위, 사랑, 인내를 주십니다. 당신은 자신을 귀하게 여기는 법을 배웁니다. 당신은 다른 사람들을 귀하게 여깁니다. 당신은 자신의 자유를 감사히 받습니다. 당신은 다른 사람들의 자유를 존중합니다. 그러면 당신은 삶의 가장 위대한 비밀인 참된 종이 되는 방법과 건강한 자아상을 지닌 상태를 깨닫기 시작합니다.

다른 사람이 강제로 시킨 일을 하고 있다면 당신은 종이 아닙니다. 그것은 노예가 되는 것입니다. 그리스도인의 삶은 강요의 삶이 아닌 은혜의 삶입니다.

사탄은 당신을 노예로 만듭니다. 예수님은 당신을 위대함으로 성장시키십니다.

사탄은 관계를 단절시킵니다. 예수님은 관계를 발전시키십니다.

사탄은 당신의 선택을 빼앗아갑니다. 예수님은 당신이 바른 선택을 하도록 도우십니다.

셋째: 노예들은 개인적인 꿈과 갈망을 포기해야 합니다. 그들은 자신의 삶을 행복하고 만족스럽게 만드는 것들을 즐길 수 없습니다. 그들은 다른 사람의 행복과 성취를 위해 분투하고 힘들게 일해야 합니다.

절대 자신의 꿈을 포기하지 마십시오. 당신의 야망과 개인적인 목표는 중요합니다. 그것들이 실현되는 것을 보기 위해 전념하십시오. 절대 포기하지 마십시오!

당신의 행복에 중요한 것을 포기하게 만들거나 당신의 꿈과 갈망을 희생시키는 사람 혹은 상황이 당신의 주인이 되었습니다. 노예는 꿈과 희망의 막다른 길입니다.

예수님을 따르고 그분의 종과 나타남이 된다는 것은 삶을 신나고 성취감을 주는 여정으로 만듭니다. 그분은 당신을 위대함으로 성장시키십니다. 그리고 그분은 위대함을 건강한 자아상을 지닌 그분과 같은 종이 되는 것으로 정의하십시오.

넷째: 노예는 다른 사람들을 이끄는 역할을 맡을 수 없습니다. 사탄은 당신이 리더가 되는 것을 막고 싶어 합니다. 그는 당신이 집에서 복종하고, 지역사회에서 활발하지 않고, 교회에서 침묵하고, 삶에서 성취감을 느끼지 못하기를 원합니다.

노예와 리더십은 양립할 수 없습니다. 당신이 어떤 사람이든지 당신을 위한 리더십과 자존감이 존재합니다. 예수님이 당신의 리더이시며 그분은 모든 방면에서 당신을 통해 다른 사람들을 인도하십니다.

당신은 예수 그리스도의 종으로서 당신이 영향을 끼치는 사람들에게 리더가 되어야 하는 운명을 가지고 있습니다.

다섯째: 당신이 노예가 되기 시작하는 순간부터 당신의 영은 생명력을 잃기 시작합니다. 어떤 영역이든지 당신의 개인적인 선택을 빼앗기면 당신은 그 영역에서 생명력을 잃기 시작합니다. 당신이 선택권을 가지고 있지 않다면 삶을 살아갈 이유가 없습니다.

남성 우위의 관계로 인해 많은 결혼이 실패하고 관계들이 얼어붙고 있습니다. 결혼생활에서 남편과 아내 모두 리더십을 발휘할 여지가 있지 않습니까? 진정 그리스도가 당신의 삶의 주인이시고 가정의 머리시라면 당신의 결혼생활에는 아름다운 조화와 따뜻함이 있을 것입니다. 그리스도가 당신을 사랑하신 것처럼 서로 사랑하십시오. 서로 복종하고 배우자가 당신에게 원하는 일은 무엇이든지 그대로 행하십시오. 이것이 예수님과 같은 종이 되는 길입니다.

그러나 우리는 사람들을 섬기기 위해 자유로운 선택을 할 수 있어야 합니다. 우리는 종으로서 위대한 종이셨던 예수님처럼 행합니다. 우리는 비참한 사람들에게 다가갑니다. 그들은 우리에게 살아갈 이유를 줍니다. 노예는 사람들에게 다가갈 수 없습니다. 그들은 자신의 주인이 시키거나 허락한 일만 하기 때문입니다.

노예의 멍에를 받아들인다는 것은 이런 의미입니다.

1. 당신의 소중한 관계가 단절됩니다.
2. 정당하게 당신에게 속한 것들을 포기하게 됩니다.
3. 당신의 꿈, 야망, 갈망을 포기하게 됩니다.
4. 다른 사람을 이끌 수 없게 됩니다.
5. 당신의 영 안에서부터 생명력을 잃게 됩니다.

종의 삶의 방식

어떤 사람이 노예인지에 대한 실제적인 개념을 장착했으므로 이제 우리는 종의 특성과 삶의 방식에 대해 알아보겠습니다.

첫 번째: 종은 스스로 동기부여되고 자기주도적입니다. 종은 자신의 배를 직접 조종합니다. 종은 많은 결정과 선택을 내립니다.

예수님이 당신 안에 계시고 자신의 종 되심을 당신 안에서 나타내도록 한다면, 당신은 선한 일들을 하도록 강권될 필요가 없을 것입니다. 당신은 예수님이 비슷한 상황에서 행하셨던 동일한 일을 할 것입니다. 그분의 종의 본성이 당신 안에 있으므로 당신은 예수님이 행하신 일을 동일하게 행하기로 선택할 것입니다.

밤에 온 방문자

병원에 있는 친구를 방문한 어느 날 밤, 저는 방금 아내가 심각한 심장마비를 겪은 나이 든 신사를 만나게 되었습니다. 그들은 오클라호마의 작은 마을 근처 농장에 살았습니다. 그러나 심장 관련 장비를 갖춘 병원은 털사(오클라호마에 있는 도시)에 있었습니다. 그래서 그들은 구급차를 타고 털사에 있는 병원으로 향했습니다. 그는 40마일 떨어진 털사에 도착할 때까지 아내 옆에 있었습니다. 그는 딱히 갈 곳이 없었기 때문에 병원 로비에 있는 의자에서 잘 생각이었습니다.

저는 그 노신사가 걱정되었습니다. 그리고 우리 집에 있는 좋은 손님용 침실이 생각났습니다. 몇 분 동안 그와 얘기한 후, 저는 그 노신사를 우리 집으로 초대했습니다. 저는 다음 날 아침 일찍 그를 병원에 내려 주기로 약속했습니다. 그는 내 초대를 수락했습니다. 집에 도착하고 나서 저는 남편에게 제가 새로

사귄 친구를 소개해주었습니다. 남편은 조금 놀랐지만 그 노신사를 다정하고 친절하게 대했습니다. 남편은 그를 자신의 아버지처럼 대했습니다. 따뜻한 샤워를 마치고 핫 초콜릿과 토스트로 식사를 한 우리의 친구는 남편의 잠옷을 입은 채로 아늑한 침대에서 잠에 들었습니다.

저는 남편에게 그 노신사를 집에 데려가도록 허락해 줄 수 있는지 묻기 위해 전화할 생각을 해 본적이 없습니다. 저는 예수 그리스도의 종이고, 낯선 사람을 주의 이름으로 섬김으로써 그분의 뜻과 사랑을 행하고 있었기 때문입니다.

누군가가 당신을 제한하고 있다면 당신은 종이 될 수 없습니다. 당신은 노예가 될 뿐입니다. 만일 당신이 어떤 사람에게 주고 싶고, 가난한 자를 돕고 싶고, 넘어진 자를 일으키고 싶고, 아픈 자를 방문하고 싶은데 누군가가 그 일로 인해 당신을 처벌하려고 한다면 당신은 노예입니다.

당신은 두 주인을 섬길 수 없습니다

두 번째: 종은 사랑의 은사를 실천합니다. 종으로서 당신은 사랑할 일을 찾을 필요가 없습니다. 사랑하는 것은 당신의 본성입니다. 당신의 본성은 당신의 갈망과 자주성의 결과로 당신이

누구인지 그리고 당신이 무엇을 하는지를 말합니다. 예수님이 당신 안에 계신다면 당신은 다른 사람을 사랑하고 섬기도록 되어 있습니다. 이것이 섬김을 통해 이끄는 것입니다. 그리고 이것은 여성의 건강한 자아상을 낳습니다.

당신이 예수님을 따르는 사람이라면 스스로를 등한시해서는 안 됩니다. 종교는 다른 사람을 우선시하고 자신에 대해서는 생각하지 말라고 요구할 수도 있습니다. 그러나 진정한 사랑은 자기 자신으로부터 시작합니다. 자기 자신을 사랑할 때, 다른 사람을 사랑할 수 있습니다. 당신이 스스로를 귀하게 여길 때, 다른 사람들을 귀하게 여길 수 있습니다. 당신이 스스로를 존중할 때, 다른 사람들에 대한 존중을 나타낼 수 있을 것입니다. 당신이 자신의 자유를 지킬 때, 다른 사람이 자유로워지도록 할 수 있습니다. 당신의 사랑에 자기 자신을 포함시키십시오.

예수님을 따르는 여성 혹은 남성인 종은 사람들을 사랑합니다.

너를 대적하려고 만들어진 어떤 무기도 성공하지 못할 것이요(사 54:17). 왜 그렇습니까? 당신은 사랑의 능력을 가지고 있기 때문입니다. 사랑을 대적하거나 이길 무기는 없습니다. 참된 종은 이 사랑의 은사를 지속적으로 실천하고, 그 결과 놀라운 일들이 일어납니다.

사랑을 표현하는 일이 항상 쉽지만은 않을 수도 있습니다. 그러나 예수님은 말씀하셨습니다: 하늘에 계신 너희 아버지께서 온전하심 같이 너희도 온전하라(마 5:48). 이것은 정말 멋진 명령입니다. 예수님께서 말씀하신 바는 우리가 결국 그분의 온전하심을 성취할 수 있다는 의미입니다. 그분은 진정 이렇게 말씀하고 계신 것입니다: 내가 네 안에서 온전하도록 허락해라.

세 번째: 좋은 사람들을 자신의 주된 봉사, 사역, 성공, 업적, 성취, 건강한 자아상의 이유로 여깁니다.

사람들이 없는 삶에서 무엇을 성취할 수 있겠습니까? 삶의 어떤 분야이든지 성공하려면 당신은 사람이 필요합니다. 당신이 아무리 똑똑하다 한들 사람이 없다면 당신은 그 지식을 활용할 수 없습니다. 사람들은 하나님께 중요합니다. 사람들은 당신에게 중요합니다. 사람들은 종에게 중요합니다.

심지어 하나님도 사람들 없이는 꿈을 이루실 수 없습니다.

당신이 사람들을 하나님을 섬기는 주된 통로로 여긴다면, 당신은 그들의 피부색, 인종, 성별, 사회적 지위를 보지 않게 됩니다. 당신은 사람 그 자체를 보게 됩니다.

참된 종에게는 편견이 없습니다.

네 번째: 좋은 사람을 귀하게 여깁니다. 그리고 이 일은 자기

자신을 귀하게 여기는 것으로부터 시작합니다. 당신이 자신을 귀하게 여겨야 다른 사람을 귀하게 여길 수 있고 그들의 종이 될 수 있습니다. 여성으로서 당신이 건강한 자아상을 가지지 않은 상태라면 예수님이 말씀하시는 종이 될 수 없습니다.

하나님은 당신을 너무나도 귀하게 여기셔서 그분의 하나밖에 없는 아들을 당신의 죄를 위해 죽게 하셨습니다. 예수님은 당신을 너무나도 귀하게 여기셔서 당신을 구원하기 위해 그분의 생명을 주셨습니다(막 10:45).

여성으로서 당신은 자기 자신이 인류를 위한 예수님의 나타남인 종이 되기에 충분하도록 귀하다고 여길 수 있습니까?

하나님은 당신이 필요하십니다. 그분은 금광이나 다이아몬드, 진주가 필요하지 않으십니다. 그러나 그분은 당신이 필요하십니다. 금과 다이아몬드 같은 것은 당신의 기쁨을 위해 있지만 하나님의 기쁨은 당신 안에 있습니다. 당신은 이 세상에 있는 모든 다이아몬드와 금보다 더 가치 있는 존재입니다.

다섯 번째: 종은 다른 사람들의 능력을 일깨웁니다. 참된 종은 리더입니다. 그러므로 종은 다른 사람들의 재능을 일깨우고 능력을 고취시킵니다. 또한 리더는 교사입니다. 가르침의 능력은 학생으로 하여금 배우고자 하는 욕구를 촉진시키는 능력입니다.

종, 리더, 교사는 결코 다른 사람을 비하하지 않습니다. 종은 절대 자신이 다른 사람보다 우월하다고 느끼지 않으며, 다른 사람들을 열등하고 무가치하게 여기지 않습니다. 날카롭고, 비판적이고, 부정적인 말들은 절대 참된 종의 입에서 나오지 않습니다.

여섯 번째: 종은 절대 책임이나 의무를 소홀히 하지 않습니다. 종으로서 당신은 모든 일에 최선을 다합니다. 책임감은 자신 안에 있는 하나님의 능력에 대한 인간의 반응입니다.

사람들의 갈망을 발견할 때 그들의 갈망에 반응하는 것을 훈련하십시오. 하나님은 그런 갈망을 오직 사람을 통해서만 충족하십니다. 그 사람이 당신이 되게 하십시오. 종이 되기로 선택하고 건강한 자아상을 통해 진정한 위대함을 성취하십시오.

일곱 번째: 종은 인류 역사상 가장 위대한 종이셨던 예수 그리스도의 정체성을 귀하게 여깁니다.

노예의 사고방식을 거절하며 종의 태도를 지닐 수 있는 최고의 방식은 예수님께서 직접 주셨습니다. 개인의 존엄성과 선택권은 예수님의 이 말씀으로 아주 생생하게 묘사되었습니다.

누가 너더러 억지로 오 리를 가자고 하거든, 십 리를 같이 가주어라(마 5:41, 새번역).

시킨 일만 한다면 당신은 노예처럼 살고 있는 것입니다. 그러나 당신이 2마일을 가기로 선택한 순간 당신은 리더가 된 것입니다. 당신은 수행할 임무를 직접 지휘하게 되고 종의 위치와 참된 건강한 자아상의 위치로 올라옵니다. 그 선택으로 말미암아 당신의 주인이 되고자 하는 사람을 이끌게 됩니다.

당신에게 주어진 명령은 당신의 선택을 묵살해왔습니다. 그것이 노예입니다. 그러나 상대방이 시킨 일 이상으로 했을 때 당신은 자신의 선택권을 행사한 것입니다. 당신은 노예에서 종의 존엄한 위치로 올라갔습니다. 그 선택은 당신의 위신을 떨어뜨리기 위해 만들어진 상황에서 당신을 주인으로 만듭니다.

예수님은 말씀하셨습니다: 네 한 쪽 뺨을 때리는 자에게 다른 쪽도 돌려대며(눅 6:29).

그분은 여성에 대한 신체적 학대를 옹호하신 것이 아닙니다. 이 구절 전에 예수님은 다음 내용을 말씀하셨습니다: 그러나 나는 듣는 너희에게 말하노니, 너희 원수들을 사랑하고 너희를 미워하는 자들에게 잘해주며 너희를 저주하는 자들을 축복하고 너희를 천대하는 자들을 위하여 기도하라(눅 6:27-28).

예수님은 믿는 자들의 태도, 그분의 제자들의 본성, 종의 성품, 그리스도 안에 있는 당신의 정체성에 대해 가르치신 것입니다.

공격, 비난, 상처, 오해를 받을 때 노예처럼 반응하지 마십시오. 움츠리거나 겁먹지 마십시오. 오히려 당신이 어떤 자인지 기억하십시오. 그리스도 안에 있는 당신의 정체성을 귀하게 여기고 아무 일도 일어나지 않은 것처럼 행동하십시오. 당신을 공격하는 사람에게 당신의 새롭고 건강한 자아를 보여주십시오. 그러면 당신은 노예의 위치에서 벗어나 리더, 용서하는 자, 종이 됩니다. 바로 이것이 섬김으로 이끄는 것입니다.

온유한 여성 그리스도인은 약한 여성이 아닙니다. 그녀는 예수 그리스도를 따르는 여성입니다.

예수님은 강하면서 온유하셨습니다. 당신이 그분과 같을 때 당신도 강하고 온유합니다.

예수님은 말씀하셨습니다: 또 만일 누가 너를 법에 고소하여 너의 웃옷을 빼앗으려 하거든 외투까지도 갖게 하라(마 5:40).

사람들이 당신을 핍박하고 당신의 소유한 것을 빼앗아간다면, 자주성을 가지고 스스로 선택하여 그들에게 더 주십시오. 상대방이 요구한 것만 준다면 당신은 노예입니다. 요구한 것 이상으로 주기로 선택한다면 당신은 참된 건강한 자아상을 지닌 종이 됩니다. 주는 사람이 되십시오. 사람들의 필요를 채워주십시오. 종이 되십시오.

기억하십시오. 노예는 선택권이 없습니다. 노예는 이상을 추구할 수 없습니다. 노예는 창의적일 수 없습니다. 노예는 주도권을 가질 수 없습니다.

사탄의 전략은 여성의 창의성, 독창성, 유일함, 자주성을 빼앗고 궁극적으로는 그녀의 삶을 도둑질하는 것입니다. 사탄은 여성이 두려워하게 만듭니다. 사탄은 여성이 결정하는 일을 두려워하게 되길 원합니다. 사탄은 여성이 스스로 비하하며 새롭고 다른 일을 감히 시도하지 못하길 원합니다. 사탄은 여성이 새로운 생각을 할 때 그녀를 바보 취급합니다.

사탄을 두려워하지 마십시오. 그는 마귀일 뿐이며 예수님은 당신에 대한 마귀의 권세를 무너뜨리셨습니다.

예수님은 항상 당신에게 선택권을 주십니다. 그분은 선택지를 제공하십니다. 그분은 창조적인 능력을 주십니다. 그분은 주도권을 주십니다. 그분은 그분의 본성으로 당신을 신뢰하십니다. 그분은 당신에게 독창성을 주십니다. 그분은 당신의 확신을 새롭게 하십니다. 예수님은 당신이 그분과 같이 되도록 성장시키십니다.

사탄은 당신에게 두려움을 주지만 예수님은 당신에게 믿음을 주십니다.

사탄은 당신에게 증오를 주지만 예수님은 당신에게 사랑을 주십니다.

사탄은 당신에게 가난을 주지만 예수님은 당신에게 번영을 주십니다.

사탄은 당신에게 질병을 주지만 예수님은 당신에게 건강을 주십니다.

사탄은 당신에게 대적들을 주지만 예수님은 당신에게 친구들을 주십니다.

하나님의 왕국에서 위대해지고 싶습니까? 위대함은 당신이 있는 곳에서부터 시작됩니다. 예수님과 같은 종으로 성장하십시오. 이것이 당신의 인생에서 실현할 수 있는 가장 대단한 성취입니다. 이것이 섬김을 통해 이끄는 것이며 여성의 건강한 자아상의 진정한 비결입니다.

당신이 노예가 되기로 선택하지 않는 이상 그 무엇도 당신을 노예가 되게 할 수 없습니다. 당신의 종교나 문화나 배우자는 당신을 노예로 만들 수 없습니다. 오직 당신의 사고방식만이 당신을 노예의 위치로 격하시킬 수 있습니다.

당신이 자기 자신을 존중하는 정도만큼 사람들도 당신을 존중하게 될 것입니다. 그리고 당신은 자신의 사고방식, 말, 행동, 관계를 통해 스스로를 얼마나 존중하는지 보여주게 됩니다.

무슨 일을 하든지 종의 생각과 마음으로 하십시오. 당신은 종의 생각과 마음으로 행하는 것이 그리스도를 따르는 여성의 삶에 가져올 변화에 놀라게 될 것입니다.

노예는 다른 사람들이 자신에게 기대하는 일을 합니다. 그러나 종은 자주성을 갖고 선택합니다.

　노예는 매여 있고 제한을 받습니다. 그러나 종은 자유롭고 제한을 받지 않으며 한계가 없습니다.

　종은 다음과 같은 특징을 갖습니다.
1. 스스로 동기부여 되고 자기 주도적입니다.
2. 사랑의 은사를 실천합니다.
3. 사람을 섬김과 사역의 이유로 여깁니다.
4. 각 사람을 귀하게 여깁니다.
5. 다른 사람들의 능력을 깨웁니다.
6. 섬김의 기회를 절대 놓치지 않습니다.
7. 예수 그리스도 안에 있는 자신의 정체성을 귀하게 여깁니다.

　여러분은 하나님께서 값을 치르고 사신 사람입니다. 그러므로 사람의 노예가 되지 마십시오(고전 7:23, 새번역).

　너희가 자유로 부름을 받았으니 그 자유를 육신을 위한 계기로 삼지 말고 사랑으로 서로 섬기라(갈 5:13).

데이지의 일대일, 그룹, 국가, 다국적 복음사역은 여성들과 남성들이 그리스도의 사랑의 대사라는 역할 안에서 참된 존엄성, 평안과 행복을 발견하도록 영감을 주었습니다. 이 사진에서 그녀는 방콕에 있는 불교 사원의 계단에서 대학생들과 복음을 나누고 있습니다.

케냐 몸바사 시립 경기장에서 열린 티엘과 데이지 오스본 기적의 날 - 데이지 박사가 전한 강력한 메시지로 삶이

집회의 탁 트인 전망 (중앙 사진) 전국 여성의 변화된 수천 명의 여성들에게 보내는 강력한 격려

데이지 박사가 케냐 니안자 지방에서 열린 전국 여성 사역 세미나에서 수천 명의 아프리카 여성들을 가르쳤습니다.

데이지 박사가 우간다 캄팔라에서 전국 여성 집회를 개최했고 20만 명 이상의 여성들이 참석했습니다. (남성과 어린이를 제외한 숫자입니다.)

데이지 박사가 가나 아크라에서 전국 여성 집회를 진행했습니다.

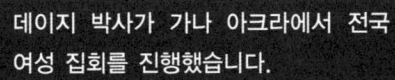

동아프리카에서 열린 전국 여성 컨퍼런스

데이지 오스본 박사가 대규모 해외 여성 집회에서 세계 여성들에게 말씀을 심었습니다.

인도네시아 수라바야에서 진행된 여성의 날

데이지 박사는 인도네시아 자와 섬에 위치한 수라바야에 있는 시립 경기장에서 복음을 선포했습니다. (아래 사진) 오스본 부부의 딸이자 오클라호마 털사에 있는 국제 복음 센터의 라도나 목사가 파푸아뉴기니에 있는 경기장에서 그리스도를 전했습니다.

수라바야에서 데이지 박사의 강력한 복음전파와 영접 초청, 아픈 자들을 위한 기도 이후 (가운데 사진) 맹인이었던 여성의 시력이 회복되었고 (아래 사진) 불구였던 남성이 그리스도를 영접할 때 완전히 치유 받았습니다.

티엘, 데이지 오스본 집회

데이지 박사는 수많은 책자들을 직접 검수했고, 수천 명의 그리스도의 일꾼들과 새로 회심한 자들에게 배포하기 위해 집회가 열리는 곳들로 보냈습니다.

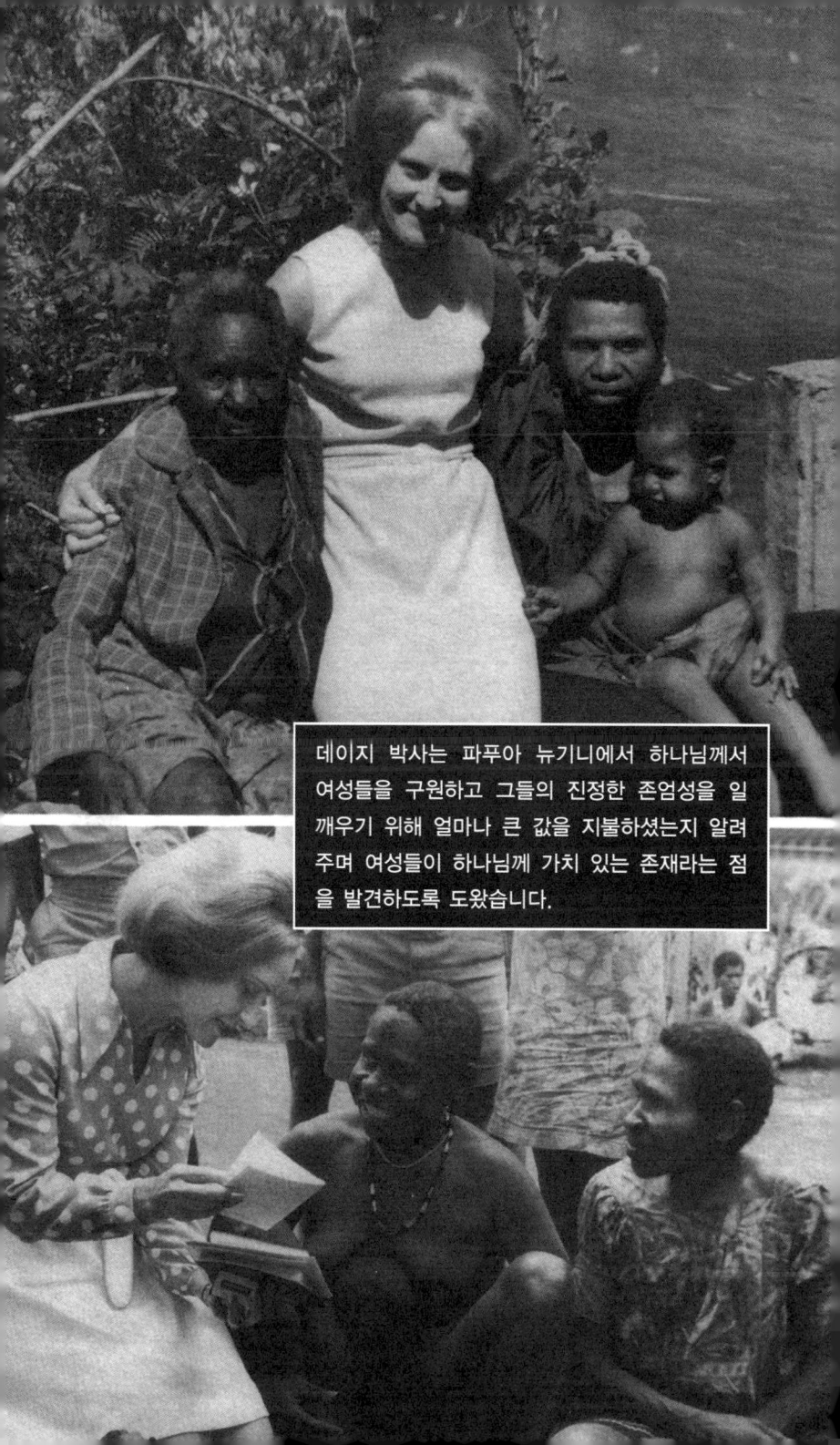

데이지 박사는 파푸아 뉴기니에서 하나님께서 여성들을 구원하고 그들의 진정한 존엄성을 일깨우기 위해 얼마나 큰 값을 지불하셨는지 알려주며 여성들이 하나님께 가치 있는 존재라는 점을 발견하도록 도왔습니다.

데이지 박사는 집회를 계획하는 모임에서 나이지리아 주지사 및 공무원들을 만났습니다. 그녀는 통역사(무릎 꿇고 있는 자)를 통해 그리스도를 증거했습니다.

데이지 오스본 박사는 플로리다에 소재한 조에 칼리지(위)와 캘리포니아에 위치한 벧엘 크리스천 칼리지(아래)에서 명예 박사 학위를 받았습니다.

데이지 오스본 박사는 남편인 티 엘 오스본 목사와 함께 전 세계에 있는 여러 나라에 그리스도의 사랑을 전했습니다. 그녀는 더 이상 성별로 인해 제한을 받지 않았습니다. 그들은 여성 안에 있는 그리스도가 남성 안에 있는 그리스도와 동일하다고 믿었습니다. 이 사진에서 그들은 성공적인 복음전파 집회의 마지막 날을 기뻐하고 있습니다.

5장

목적이 있는 삶

이제 여성으로서 당신은 인간의 가치에 대한 새로운 태도를 지니며 하나님, 다른 사람들, 자기 자신을 어떻게 바라볼지 배우고 이를 통해 당신에게 일어날 일들을 가까이에서 볼 수 있게 됩니다.

당신이 하나님을 떠올릴 때 가장 많이 하는 생각은 무엇입니까? 다른 사람들에 대한 당신의 태도는 어떻습니까? 당신은 자기 자신을 여성으로서 어떻게 생각하십니까? 하나님은 당신을 어떻게 보십니까?

모든 여성은 하나님이 바라보시는 대로 자신을 바라보고, 하나님이 그녀를 믿는 것처럼 자신을 믿는 법을 배워야 합니다. 전통적인 신학이 아닌 하나님이 그녀에 대해 생각하시는 대로 자신을 생각하고, 하나님이 그녀에 대해 말씀하시는 대로 자신에 대해 고백해야 합니다.

하나님은 당신을 위해 최고의 값을 치르셨습니다. 당신은 특별한 사람입니다. 당신은 사랑받고 있으며 중요한 존재입니다. 하나님은 당신을 신뢰하십니다. 당신은 그분의 계획 안에 있습니다. 여성인 당신은 특별하며 유일무이합니다.

그리스도 안에는 정죄감이 아닌 새로운 생명이 있습니다. 그분 안에는 종교의 노예나 죄의식이 아닌 구원이 있습니다. 그분 안에는 사로잡힘이 아닌 구원이 있습니다. 우리의 메시지는 상처를 주지 않고 치유해야 합니다. 우리는 그리스도를 대표하므로 다른 사람을 파괴할 수 없습니다. 우리는 생명과 기쁨과 평안을 주어야 합니다.

5장

목적이 있는 삶

　이 장의 목표는 인류를 귀하게 여기는 하나님의 관점을 통해 여성인 당신이 삶에 대한 새로운 관점을 갖도록 돕는 것입니다.

　다음은 신약 성경에서 하나님이 여성 그리스도인에 대해 말씀하신 여러 성경 구절들입니다.

　이제 우리는 … 하나님 보시기에 올바른 자라는 인정을 받았으니 우리 주 예수 그리스도를 통해 하나님과 참다운 평화를 누릴 수 있게 되었습니다.

　우리는 그리스도를 믿음으로써 지금 우리가 서 있는 이 가장 높은 특권을 가진 자리에 오르는 은총을 받았습니다. 그리고 하나님께서 우리를 위해 행하실 모든 계획이 실제로 이루어져 나가는 것을 확신과 기쁨을 가지고 기다리고 있는 것입니다.

그렇게 되면 어떤 어려움이 닥치더라도 실망하지 않고 모든 일이 유익하다는 것을 알게 됩니다. 그리고 하나님께서 얼마나 극진히 우리를 사랑하고 계시는가를 알게 됩니다.

이제 우리는 하나님을 섬기는 기쁨을 누리게 되었습니다. 이 모든 것이 우리를 하나님의 친구로 만들어주려고 우리 죄를 대신해 죽으신 예수 그리스도의 덕분입니다(롬 5:1-2, 5, 11, 현대어성경).

이 세 구절을 기억하십시오

1절 – 그분은 우리를 이 가장 높은 특권을 가진 자리에 오게 하셨습니다.

2절 – 우리는 하나님께서 우리를 위해 행하실 모든 계획이 실제로 이루어져 나가는 것을 기쁨으로 기다립니다.

11절 – 우리는 하나님의 친구가 되는 기쁨을 누리게 되었습니다.

얼마나 놀랍고 행복한 생각이자 이상입니까! 그리고 여성의 건강한 자아상을 형성하는 데 얼마나 중요합니까!

이제 여성으로서 당신은 인간의 가치에 대한 새로운 태도를 지니며 하나님, 다른 사람들, 자기 자신을 어떻게 바라볼지 배우고 이를 통해 당신에게 일어날 일들을 가까이에서 볼 수 있게 됩니다.

* * *

첫 번째 파트
당신은 하나님에 대해 어떤 생각을 가지고 있습니까?

첫 번째: 당신이 하나님을 떠올릴 때 가장 많이 하는 생각은 무엇입니까?

다음은 당신이 결코 잊지 않기를 바라는 하나님에 대한 세 가지 중요한 사실입니다.

1. 하나님은 전능하시다는 사실!
2. 하나님은 선하시다는 사실!
3. 하나님은 지금 당신과 함께 하신다는 사실!

1. 하나님은 전능하십니다

그분의 능력에 대해 어떻게 생각하십니까?

어느 날 엘리사는 적들에 둘러싸여 있었습니다. 그러나 하나님은 그를 구하기 위해 말들과 불수레들을 보내셨고(왕하 6:17) 적들은 도망쳤습니다. 그분은 오늘날에도 그분을 믿는 여성들과 엘리사와 같은 믿음의 남성들에게 동일한 일을 하십니다.

어떤 이교도 족장과 그의 부하들이 목사를 죽이기 위해 목사의 집을 둘러싸고 있었지만, 그들은 집 주변에 있는 크고 건장한 경비원들을 보게 되었습니다. 마침내 족장은 그리스도를 영접하고 목사를 죽이려던 자신의 계략을 고백했습니다.

몇 주 후, 그 이교도 족장은 목사에게 말했습니다: 내가 기독교인이 된 이후로 당신의 경비원들은 모두 보이지 않습니다. 그들은 어디에 있습니까? 그리고 그들은 어디에서 왔습니까? 내가 하나님의 메신저를 죽이지 않게 막아준 그들에게 감사를 전하고 싶습니다.

그러자 목사는 하나님이 엘리사를 보호하셨던 것처럼 자신을 보호하기 위해 천사들을 보내셨다는 사실을 알았습니다. 그의 집 주변에는 경비원들이 있던 적이 한 번도 없었기 때문입니다.

우리 하나님은 변하지 않으십니다. 그분의 능력은 그 어느 때보다 오늘 실제적이며 남성과 여성 모두를 위한 것입니다: 보라, 나는 주요, 모든 육체의 하나님이라. 내게 어려워서 못할 일이 있겠느냐?(렘 32:27)

엘리사 선지자가 죽었을 때 그의 시신은 무덤에 안치되었습니다. 그리고 후에 다른 사람이 죽었고 그도 그곳에 장사되었습니다. 성경은 말합니다: 그 사람이 떨어져 엘리사의 **뼈**에 닿자 그가 살아나서 자기 발로 서더라(왕하 13:21).

그 능력은 오늘날에도 여전히 실재합니다!

나이지리아 칼라바르에서 열린 집회에서 이와 비슷한 기적이 일어났습니다. 사람들이 저와 남편이 강력한 기름부음 아래서 설교했던 강단으로 죽은 사람을 데려왔습니다.

많은 기적이 일어났고 사람들은 우리가 설교했던 바로 그곳에서 그날 밤에 경험한 치유 기적들을 증거했습니다. 하나님의 권능이 크게 나타난 곳에 그 남성의 죽은 몸이 놓여지자 그는 갑자기 살아나 회복되었습니다. 이 일은 모든 사람을 놀라게 했고 결과적으로 수백 명의 사람들이 그리스도를 받아들였습니다. 하나님의 능력은 현재도 변함이 없습니다.

2. 하나님은 선하십니다

그러나 하나님이 선하시지 않다면 그분의 능력이 여성에게 어떤 덕이 있겠습니까?

우리 주님은 우리에게 그분이 전능하실 뿐만 아니라 선하시며,

구원자이시고, 치유자이시고, 생명을 주는 분이라시는 것을 보여주기 위해 예수님을 보내주셨습니다. 그리고 예수님은 결코 여성과 남성 간에 어떤 차이도 보이신 적이 없습니다.

요한은 말했습니다: 그러나 누구든지 그를 영접한 사람들에게는 하나님의 아들들이 되는 권세를 주셨으니(요 1:12). 그리고 마가도 말했습니다: 주를 만지는 사람들은 다 온전해지더라(막 6:56). 어떤 여성이나 남성도 그분을 찾았을 때 거절당하지 않았습니다.

토고 마을의 한 사람

한 사랑스러운 토고 마을 사람이 우리가 연 집회에 참석했습니다. 그는 끔찍한 파열을 당해서 한쪽 다리를 절고 있었습니다. 그가 처음 집회에 참석한 밤, 예수님은 그를 온전하게 만드셨습니다. 그러고 나서 그는 소아마비로 인해 불구가 되어 걸을 수 없는 자신의 딸을 집회에 데리고 왔습니다. 그리고 딸 역시 기적적으로 치유되었습니다.

그리고 나서 그는 자신의 누이를 데려왔습니다. 그녀는 정신적으로 온전하지 않았기 때문에 야생동물처럼 나무에 묶여 있었습니다. 네 명의 장정이 그가 자신의 누이를 집회에 데려오는 것을 도와주었습니다. 귀신들이 그녀에게서 나가게 되었고 그녀는 완벽하게 회복되었습니다. 온 가족이 예수님을 신실하게 따르는 자들이 되었습니다. 그들은 하나님의 선하심을 보았습니다!

당신을 향한 하나님의 뜻은 선합니다!

저는 모든 여성이 사탄은 악하다는 것을 알아야 한다고 믿습니다. 하나님은 선하십니다. 질병은 나쁩니다. 건강은 좋습니다. 실패는 나쁩니다. 성공은 좋습니다. 여성인 당신을 향한 하나님의 뜻은 선합니다.

성경은 말합니다: 무엇보다도 네 혼이 잘됨같이 네가 번성하고 강건하기를 바라노라(요삼 1:2). 이는 남성들에게 적용되듯 여성들에게도 동일하게 적용됩니다.

또한 성경은 이렇게 말합니다: 정직하게 행하는 자들에게 좋은 것을 아끼지 아니하시리이다(시 84:11).

3. 하나님은 실재하십니다

모든 여성이 받아들여야 하는 우리 주님에 대한 또 다른 사실이 있습니다. 그분은 전능하시고 선하실 뿐만 아니라 실재하십니다! 그분은 저와 함께 하시며 당신과 함께 하십니다! 예수님은 말씀하셨습니다: 내가 세상 끝까지 너희와 항상 함께 있으리라(마 28:20). 그분은 자신의 여성 증인들을 남성 증인들과 똑같이 확정하십니다.

인도에서 열린 집회에 참석한 한 젊고 거만한 학생이 화가 난 상태로 팔짱을 끼고 군중 뒤에 서 있었습니다. 그는 예수 그리스도에 대한 우리의 가르침을 경멸했으므로 어떻게 하면 저와 남편을 자신의 마을에서 쫓아낼 수 있을지 고민하고 있었습니다.

그러나 우리가 사람들을 가르치고나서 기도할 때, 갑자기 주님이 그 젊은 학생에게 나타나셨습니다. 예수님은 청년의 눈을 똑바로 쳐다보셨습니다. 그리고 그분은 못 박힌 손을 보이시며 말씀하셨습니다: 내 손을 보아라! 나는 예수다! 그리고나서 부드러운 미소와 긍휼함의 눈을 가지신 예수님은 사라지셨습니다.

청년은 무릎을 꿇고 울었고 바로 그곳에서 예수 그리스도를 자신의 주님이자 주인으로 영접했습니다. 그는 온 회중에게 자신에게 일어난 일을 말했습니다. 그 결과 수백 명의 사람들이 주님을 받아들였습니다. 그 청년은 주님을 보았고 그의 삶은 영원히 변화했습니다.

하나님은 지금 실재하십니다!

하나님께 감사하게도 여성인 저는 예수님이 오늘도 변함없으시고 지금 실재하신다는 것을 발견했습니다! 저는 당신이 그분에 대해 새로운 관점을 가지게 되길 바랍니다. 그러면 여성인 너희에게 불가능한 일이 전혀 없을 것이니라(마 17:20).

성경에 나오는 믿음의 사람 스데반은 예수님을 증거했던 일 때문에 돌에 맞아 죽었습니다. 그가 고개를 들어 예수님이 하나님 오른편에 서신 것을 보았다(행 7:56)라고 성경은 말합니다. 스데반은 예수님에 대한 새로운 비전을 가지고 있었으며 그의 비극은 승리로 바뀌었습니다!

이것이 제가 모든 여성은 하나님이 전능하시고, 선하시고 긍휼함이 있으시며, 우리와 함께 계시다는 것을 알기 위해 하나님에 대한 새로운 관점이 필요하다고 말하는 이유입니다. 그분은 위대한 분Great I AM이십니다. 여성인 당신이 하나님을 생각할 때 이러한 사실들을 묵상하십시오.

* * *

두 번째 파트

당신은 다른 사람들에 대해 어떻게 생각합니까?

모든 여성 그리스도인이 가져야 할 두 번째 중요한 관점은 이것입니다. 다른 사람들에 대한 당신의 태도는 어떻습니까?

다음은 앞으로 당신의 태도에 영향을 끼칠 그들에 대한 세 가지 사실입니다.

1. 다른 사람들이 여성인 당신의 최고의 목적을 이루고 있음을 보십시오.
2. 다른 사람들이 하나님에 대한 당신의 믿음을 진정으로 표현할 수 있는 유일한 길을 제공하고 있음을 보십시오.
3. 다른 사람들을 섬기는 일이 당신의 목적 있는 삶의 한계 없는 성공을 위한 비결임을 보십시오.

이제 우리는 위에 언급된 세 가지 사실을 입증하고, 믿는 자이며 그리스도를 따르는 자인 여성들에 대한 명확한 관점을 주는 여러 성경 구절들을 보겠습니다.

1. 다른 사람들과 목적

다른 사람들이 여성으로서 당신의 최고의 목적을 이루고

있음을 보십시오.

예수님은 남성만이 아닌 여성인 우리를 향한 하나님의 이상에 대한 완전한 본이셨습니다. 그분은 우리에게 삶에 대한 간단한 법칙을 알려주셨습니다: 내가 너희를 사랑한 것 같이 너희도 서로 사랑하라(요 13:34). 무엇이든지 사람들이 너희에게 해주기를 바라는 대로 너희도 그들에게 그렇게 해주라(마 7:12). 너희 가운데 누구든지 으뜸이 되고자 하는 자는 모든 사람의 종의 되리라(막 10:44).

주께서 무리를 보시고 그들을 가엾게 여기시니 … 그때 주께서 제자들에게 말씀하시기를 "참으로 추수할 것은 많으나 일꾼들이 적구나."(마 9:36-37)

그분은 우리에게 말씀하고 계십니다. 사람들이 저기에 있다! 그들은 무르익었다! 그들은 믿을 것이다! 그들은 반응할 것이고 축복받을 것이다! 그러나 나는 그들을 사랑해 줄 사람이 필요하다! 나는 네가 필요하다! 내가 너를 통해 그들을 사랑할 수 있겠느냐? 내가 너를 통해 그들을 치유할 수 있겠느냐? 내가 너를 통해 그들에게 평안과 고요함을 줄 수 있겠느냐?

이는 다른 사람들에 대한 태도에 대한 것입니다. 그들은 우리의 최고의 목적을 이루고 있습니다.

2. 다른 사람들과 믿음

다른 사람들이 하나님에 대한 당신의 믿음을 진정으로 표현할 수 있는 유일한 길을 제공하고 있음을 보십시오.

예수님은 말씀하셨습니다: 이는 내가 굶주렸을 때에 너희가 먹을 것을 주었으며, 내가 목마를 때에 마실 것을 주었도다. 내가 나그네였을 때에 대접하였고 또 내가 헐벗었을 때에 입혀 주었으며, 내가 병들었을 때에 문안해 주었고, 내가 감옥에 갇혔을 때에 찾아와 주었도다(마 25:35-36).

그리고 그분은 이렇게 말씀하셨습니다: 진실로 내가 너희에게 말하노니, 여기 내 형제 가운데 가장 작은 자 하나에게 한 것이 곧 나에게 한 것이니라(마 25:40). 다른 사람들을 하나님에 대한 당신의 믿음을 진정으로 표현할 수 있는 유일한 길로 보십시오.

우리가 진정 예수 그리스도를 발견하고 싶다면 우리는 그분을 거룩한 성소가 아닌 감옥, 병든 자들과 헐벗은 자들과 궁핍한 자들 사이에서 찾게 될 것입니다. 우리는 그들을 섬길 때만 그리스도를 섬길 수 있습니다.

복음센터가 된 포르노 영화관

뉴욕에서 한 젊은 여성이 구원을 받고 대단한 영혼구원자가 되었습니다. 그녀는 마약에 중독된 매춘부였습니다. 범죄조직 간의 싸움 때문에 그녀는 한쪽 팔을 절단하고 의수를 착용하게 되었습니다.

뉴욕 빈민가에는 세 개의 포르노 영화관이 나란히 위치하고 있었습니다. 중간에 위치한 포르노 영화관은 매물로 내놓은 상태였습니다. 그리스도인들은 돈을 모아 그 건물을 사서 그곳에서 복음 집회를 열기 시작했습니다. 건물의 입구 맞은편에는 매춘부들과 고객들을 위해 전문 포주가 관리하는 세 개의 호텔이 있었습니다.

회심한 매춘부이자 마약 중독자였던 그 젊은 여성은 하나님을 위한 새로운 일을 시작하기 위해 그곳을 선택했습니다. 그녀는 삶과 다른 사람들에 대한 하나님의 관점을 가지고 있었습니다. 그녀는 다른 사람들을 사랑하고 섬기는 일을 통해서만 하나님을 사랑하고 섬길 수 있다는 것을 알았습니다.

얼마 지나지 않아 수백 명의 사람들이 그 교회에 나오게 되었습니다. 영혼구원자들은 그 빈민가에서 죄의 암적인 요소들을 정죄하는 대신 치유하기 시작했습니다. 그들은 다른 사람들을 섬기며 행동하는 참된 그리스도인의 믿음을 보여주었습니다.

이것이 하나님에 대한 우리의 믿음을 표현할 수 있는 유일한 방법입니다. 우리가 다른 사람들에게 행하는 일은 곧 그분에게 행하는 것입니다. 역사하는 믿음은 예배당에서의 아름다운 의식 가운데 표현되는 것이 아니라 도움이 필요한 사람들을 섬기는 아름다운 행동으로 나타납니다.

우리는 문제를 해결했습니다

저는 미국의 큰 대형교회의 한 젊은 목사님이 말씀하시는 것을 들은 적이 있습니다. 수년 전 저는 이 도시에 아무것도 가진 것 없이 왔습니다. 저희는 사람들이 우리에게 올 것이라고 기대하지 않았습니다. 우리는 우리가 그들에게 가야 한다는 것을 알았습니다.

그는 말했습니다: 우리는 그 지역을 18개월 동안 떠나지 않았습니다. 매일 아침부터 밤까지 아내와 저는 가정집의 문을 두드리고, 교도소를 방문하고, 사람들이 살고, 일하고, 고통 당하고, 죽는 곳인 병원과 가정에서 사역하며 사람들을 구원했습니다.

그리고 나서 그들은 오래된 버스를 구입하여 낙후된 동네와 가장 가난한 지역에 있는 수백 명의 어린아이들을 자신들의 교회로 데려왔습니다. 그는 이렇게 말했습니다: 우리는 문제를 가지고 있는 사람들에게 갔습니다. 수년 후, 그 교회에는 1-2천 명의 사람들이 매 예배에 참석했습니다.

과거에 가난했던 가정들과 매춘부들, 수감자들, 알코올 중독자들이었던 사람들이 오늘날 사업가들이 되었고 정직한 시민들이 되었습니다. 그들은 도시와 지역에서 영혼구원자들을 배출해내고 있습니다.

지금은 상원의원들, 의사들, 변호사들이 예배에 출석하고 있으며 이는 하나님의 일을 하기 위한 그리스도인들의 강력한 공동체입니다.

그 부부 목회자는 비밀을 알고 있었습니다. 그들은 굶주리고 목마른 사람들, 고아들, 수감자들, 헐벗은 사람들, 병든 사람들, 고통받는 사람들을 통해 진정으로 역사하는 그리스도인의 믿음을 표현할 수 있다는 것을 발견했습니다.

성경은 말합니다: 오직 사랑으로 역사하는 믿음뿐이니라(갈 5:6).

요한은 이렇게 질문했습니다: 어떤 사람이 "나는 하나님을 사랑하노라."하면서 자기 형제를 미워하면 그는 거짓말쟁이라. 눈으로 본 형제를 사랑하지 않는 자가 본 적이 없는 하나님을 어떻게 사랑할 수 있겠느뇨?(요일 4:20)

그러므로 하나님을 사랑한다는 것은 다른 사람들을 사랑하는 것입니다: 우리가 말이나 혀로 사랑하지 말고(요한이 말했던 것처럼) 행동과 진리로 하자(요일 3:18).

그는 이렇게 물었습니다: 여성인 우리가 도움이 필요한 사람을 알면서도 아무 일도 하지 않는다면 어떻게 하나님을 사랑하는, 섬기는, 혹은 그분에 대한 우리의 믿음을 표현하는 일에 대해 말할 수 있겠습니까?(요일 3:17)

그리스도를 따르는 여성이자 그분의 동역자로서 우리는 다른 사람들을 향해 참된 사랑의 행동을 할 때만 우리의 진정한 믿음을 표현할 수 있습니다. 예수님은 도움이 필요한 사람들이 있는 곳에 계십니다. 우리가 그들에게 반응하는 방식이 그분께 반응하는 방식입니다. 그러므로 우리는 반드시 다른 사람들이 하나님에 대한 우리의 믿음을 진정으로 표현하고 하나님을 섬기는 유일한 길을 제공하고 있음을 알아야 합니다.

3. 다른 사람들과 성공

다른 사람들을 섬기는 일이 당신의 목적 있는 삶의 한계 없는 성공을 위한 비결임을 보십시오. 여성 그리스도인으로서 우리는 다른 사람들이 성공하도록 도울 때 성공할 수 있습니다.

예수님은 말씀하셨습니다: 주라, 그리하면 너희가 받으리니, 사람들이 후히 되어 꼭꼭 누르고 잘 흔들어서 넘치게 하여 너희 품에 안겨주리라(눅 6:38). 그분은 이 구절에서 무엇을 주든 당신이 그것보다 더 크게 받을 것이라고 말씀하셨습니다.

바울도 이렇게 말했습니다: 사람이 무엇을 심든지 그대로 거둘 것이기 때문이라(갈 6:7). 당신이 다른 사람에게 심은 씨앗의 종류가 당신이 스스로를 위해 거두게 될 삶의 종류입니다.

예수님의 법칙은 이것이었습니다: 그러므로 무엇이든지 사람들이 너희에게 해주기를 바라는 대로 너희도 그들에게 그렇게 해주라(마 7:12). 이 구절은 당신이 다른 사람에게 행하는 대로 다른 사람들로부터 거두게 될 것이라는 의미입니다.

예수님은 우리가 씨앗을 심는 자들이 되어야 한다고 말씀하셨습니다. 그리고 예수님은 이렇게 말씀하셨습니다: 씨는 하나님의 말씀이요(눅 8:11). 그리고 밭은 세상이며(마 13:38) 우리 주변 사람들이 있는 세상입니다.

당신의 마음을 다른 사람들에게 여십시오 –
그러면 결코 외롭지 않을 것입니다!

사람들에게 친절함을 심으십시오. 그러면 당신은 친절함을 거둘 것입니다. 그들의 삶에 사랑과 친절함의 씨앗을 심으며 그들을 치유하십시오. 그러면 당신 역시 다른 사람들로부터 치유하는 사랑과 친절함을 거둘 것입니다. 그러나 사람들을 미워하면 당신도 미움받게 될 것입니다. 사람들을 시기하면 당신도 시기를 받게 될 것입니다.

다른 사람들에게 당신의 마음과 귀를 연다면 당신은 결코 외롭지 않을 것입니다.

예수님은 다른 사람들을 위해 행하신 일을 통해 우리에게 하나님을 보여주셨습니다. 우리도 다른 사람들을 위해 행하는 일로 하나님에 대한 우리의 믿음을 나타냅니다.

예수님은 그분께 온 사람들에게 일어난 일을 통해 우리에게 하나님을 보여주셨습니다. 우리도 우리에게 온 사람들에게 일어나는 일로 하나님이 어떤 분인지 나타냅니다.

당신은 다른 사람들의 성장을 도울 때 성장합니다. 당신은 다른 사람들의 번영을 도울 때 번영합니다.

당신은 가르치는 일을 통해 배웁니다. 당신은 주는 일을 통해 얻습니다. 당신은 심는 일을 통해 거둡니다. 당신은 주는 일을 통해 받습니다.

한 작곡가는 이렇게 말했습니다.

당신이 종을 울릴 때까지 그 종은 종이 아닙니다.

당신이 부를 때까지 그 노래는 노래가 아닙니다.

당신의 마음에 있는 사랑은 거기 머물기 위해 존재하는 것이 아닙니다.

당신이 주기 전까지 그 사랑은 사랑이 아닙니다.

사랑은 행동입니다

그러므로 이제 다른 사람들에 대한 새로운 관점을 장착하십시오. 눈을 들어 밭을 보라(요 4:35).

필요를 발견하고, 그 필요를 충족시키십시오.

상처를 발견하고, 그 상처를 치유하십시오.

문제를 발견하고, 그 문제를 해결하십시오.

낙담한 사람들을 발견하고, 그들을 세우십시오.

당신이 다른 사람들에게 다가갈 때 하나님도 당신에게 다가가십니다. 당신이 다른 사람들을 축복할 때 하나님도 당신을 축복하십니다.

다른 사람들을 바라볼 때 이렇게 생각하십시오. 당신의 삶에서 거두기 원하는 것을 다른 사람들에게 심으십시오. 당신은 자신의 추수의 주인입니다. 당신이 수확하고 싶은 종류의 씨앗을 다른 사람들에게 심으십시오. 그러면 하나님은 당신의 위대한 꿈들을 이루실 것입니다. 당신은 건강한 자아상을 지닌 귀한 여성 군단 안에 있는 자신을 발견하게 될 것입니다.

지금까지 우리는 하나님에 대한 여성의 태도와 다른 사람들에 대한 여성의 태도에 대해서 나누었습니다.

* * *

세 번째 파트
당신은 자신에 대해 어떻게 생각합니까?

여성으로서 당신은 자신에 대해 어떤 태도를 가지고 있습니까? 하나님은 당신을 어떻게 바라보십니까?

당신은 하나님의 본성을 갖고, 그분의 계획을 공유하고, 그분의 생각으로 생각하고, 승리자가 되고, 성공하고, 행복하고, 번영하기 위해 하나님의 형상으로 창조되었습니다. 이것이 하나님이 당신을 위해 창조하신 삶입니다.

종교와 문화의 세뇌가 당신을 열등한 피조물로 낮추도록 허용하지 마십시오. 이는 악의적인 자기파괴에 불과합니다. 절대 비난, 부정적인 생각, 부정적인 고백으로 당신의 생각을 채우지 마십시오. 그 누구도 하나님이 그분과 함께 걷고 말하도록 그분의 형상대로 창조하신 여성을 포함한 모든 사람을 파괴하거나 폄하할 권리가 없습니다.

성경은 우리 각자가 회개 가운데 하나님께 나아가야 하며 우리의 죄를 그분께 고백하고 그분 앞에 아무것도 감추지 않아야 한다고 분명하게 가르칩니다. 그러면 그분은 우리를 용서하시고, 우리를 그분의 자녀로 받아주시고, 그리스도 예수 안에서 새로운 피조물, 즉 그분의 왕족의 귀한 일원으로 만드신다고 약속하십니다(행 2:38, 요일 1:9, 요 1:12). 그분의 가족으로 받아들여지는 일은 우리의 성별에 따라 달라지지 않습니다. 이를 절대 잊지 마십시오.

우리가 하나님의 가족이 되고 그분의 자녀로 받아들여진 이후에는 자신이 약하고, 반항적이고, 무가치하고, 죄만 짓는 벌레 같은 존재라고 고백하며 살아가서는 안 됩니다. 우리가 회심했다면 우리는 하나님의 자녀가 되었습니다. 우리는 그분의 가족이 되었습니다. 우리는 그분의 형상대로 재창조되었습니다. 우리는 거듭났습니다. 우리는 그분의 본성을 가지고 있습니다(엡 2:19).

예수님의 오심과 복음은 우리에게 새로운 피조물, 새로운 탄생, 새로운 생명, 새로운 본성, 새로운 길에 대한 새롭고 긍정적인 메시지를 주었습니다. 그러므로 누구든지(남성 혹은 여성)

그리스도 안에 있으면 새로운 피조물이라. 옛것들은 지나갔으니, 보라, 모든 것이 새롭게 되었도다(고후 5:17).

새로운 탄생은 여성과 남성 모두에게 기적입니다. 그리스도께 나아갈 때 우리는 새롭게 됩니다. 우리는 변합니다. 이 변화를 믿으십시오. 그리고 이 변화에 대해 생각해 보십시오. 변화를 고백하십시오. 변화를 노래하십시오. 당신이 죄에서 돌아서서 예수 그리스도를 당신의 주님으로 받아들였다면, 당신이 이미 변화된 것처럼 행동하십시오.

그리스도의 여성 제자로서 절대로 자신을 정죄하지 마십시오. 그러면 당신은 결코 다른 사람들도 정죄하지 않을 것입니다. 또한 스스로에 대한 믿음을 가질 때 다른 사람들을 믿을 수 있게 됩니다.

나는 당신을 통해 스스로를 봅니다!

미국 서부 평원 지대의 국경 마을에 한 이민자 가족이 이사를 왔습니다. 그들은 한 농부의 집 옆에 마차를 세우고 농부에게 물었습니다. 이 주변에는 어떤 사람들이 살고 있습니까?

농부가 말했습니다: 글쎄요, 당신이 살던 곳에는 어떤 사람들이 살았습니까?

그러자 그 이민자가 답했습니다: 오, 끔찍했습니다. 그곳에는 도둑들, 거짓말쟁이들, 사기꾼들과 부정직한 사람들이 도처에 있었습니다. 사업가들은 사기꾼들 같았고 공무원들은 더 했습니다. 그래서 저희는 더 나은 삶을 살 수 있는 새로운 세상을 찾아 떠나게 되었습니다.

농부가 말했습니다: 제 생각엔 당신은 여기에서도 그런 사람들을 만나게 될 겁니다.

이후에 또 다른 이민자들이 도착했습니다. 그들은 그 농부에게 말을 걸기 위해 멈춰 섰습니다. 그들 역시 그 마을에 어떤 사람들이 살고 있는지 알고 싶었습니다.

그 현명한 농부가 물었습니다: 당신이 살던 곳에는 어떤 사람들이 살았습니까?

그들이 대답했습니다: 오, 그곳은 훌륭했습니다. 우리에겐 좋은 이웃들이 있었습니다. 상인들은 정직했습니다. 우리는 서로를 돌보아 주었습니다. 그들을 떠나는 것은 쉽지 않았지만, 우리가 가진 좋은 것들을 서부로 가져온다면 위대한 새 나라를 건설하는 데 도움을 줄 수 있을 거라 생각했습니다.

농부가 말했습니다: 당신은 여기서 굉장히 행복하게 지낼 수 있을 것입니다. 당신이 원래 있던 곳의 이웃들과 같은 사람들을 여기에서도 만날 수 있을 것입니다.

여성으로서 당신은 자신 안에서 보는 것들을 다른 사람들에게서 본다는 사실을 깨달아야 합니다. 다른 사람을 신뢰하지 않는 여성은 신뢰할 만한 사람이 아닙니다. 만일 그녀가 스스로를 나쁜 사람으로 생각한다면 그녀는 다른 사람들도 나쁘다고 생각할 것입니다. 만일 그녀가 다른 사람들의 정직함을 의심한다면 그것은 그녀 자신의 성품과 삶을 살펴보아야 한다는 신호입니다.

한 여성이 자신이 그리스도 안에서 진정 어떤 존재인지 발견한다면 그녀는 다른 사람들을 정죄하는 일을 멈출 수 있습니다. 만일 어떤 여성이 다른 사람들을 폄하하거나 불신한다면 그녀가 자기 자신에 대해 어떻게 생각하고 있는지 보여주고 있는 것입니다.

우리가 전 세계에 가르치고 있는 내용

해외에 있는 우리의 영향력 있는 영혼구원 단체들은 수천 명의 남성 및 여성 그리스도인 사역자들과 일꾼들을 모아 그들을 두 시간씩 하루 세 번 가르칩니다.

우리가 어디서부터 가르치기 시작하는지 아십니까? 우리는 하나님의 일을 수행하고 있는 여성들과 남성들에게 중요한 새로운 그리스도인의 삶에 대한 여섯 가지 사실들을 가르칩니다.

- 하나님이 자신에 대해 말씀하신 것이 진짜 하나님의 모습입니다.
- 하나님이 나에 대해 말씀하신 것이 진짜 나의 모습입니다.
- 하나님은 그분이 소유하고 있다고 말씀하신 것을 실제로 소유하고 계십니다.
- 나는 하나님이 내가 가지고 있다고 말씀하신 것을 실제로 가지고 있습니다.
- 하나님은 그분이 하실 것이라고 말씀하신 일들을 행하실 것입니다.
- 나는 하나님이 내가 할 수 있다고 말씀하신 일들을 할 수 있습니다.

저와 제 남편은 새로운 탄생에서부터 시작하여 우리의 옛 본성이 예수님의 새로운 생명으로 바뀌는 기적적인 변화에 초점을 맞춥니다.

모든 여성은 하나님이 바라보시는 대로 자신을 바라보고, 하나님이 그녀를 믿는 것처럼 자신을 믿는 법을 배워야 합니다. 전통적인 신학이 아닌 하나님이 그녀에 대해 생각하시는 대로 자신을 생각하고, 하나님이 그녀에 대해 말씀하시는 대로 자신에 대해 고백해야 합니다.

비하하거나 존중하거나

캘리포니아에 위치한 크리스탈 대형교회의 목사는 긍정적인 사고방식(혹은 긍정적인 믿음)을 지속적으로 주장하는 유명한 기독교 지도자입니다.

그 교회의 예배와 설교는 미 전역과 전 세계 가정으로 매주 일요일 아침마다 송출됩니다. 이는 긍정적인 일입니다. 사람들이 세워지고 수천 명의 사람들이 그리스도를 믿도록 영향을 받습니다. 모든 메시지는 그리스도의 새로운 생명 안에 있는 새로운 가능성들에 대한 도전입니다. 그리스도 안에는 결코 정죄가 없으며 항상 믿음, 소망, 사랑만 있습니다.

여성 혹은 남성 목사가 이런 종류의 복음 메시지를 전할 때마다 복음은 항상 사람들을 세우고 회중들은 그들이 가서 축복을 받을 수 있는 교회를 찾게 될 것입니다. 세상에는 강단에서 받을 수 있는 것 이상으로 많은 문제와 상처들이 있습니다.

그리스도는 사람들을 정죄하기 위해 오신 것이 아니라 그들을 사랑하고, 축복하고, 구원하기 위해 오셨습니다. 인간의 영에 미치는 가장 파괴적인 영향력은 부정적이고, 추악하며, 정죄하는 생각과 말입니다. 그런 것들은 때때로 겸손이라고 불려지기도 하지만 사실은 자기 파괴입니다(눅 19:10, 요 3:17).

그 어떤 여성이나 남성도 강단에 서서 혹은 회중 앞에서 사람들의 마음을 부정적이고 불쾌한 말들이나 선포로 채울 수 있는 권리가 없습니다. 그런 말들은 사람들에게 추잡하고 부정적인 생각들을 주며 열정을 파괴시킵니다.

예수님은 아무도 정죄하지 않으셨습니다. 심지어 간음한 여성과 남성, 그리고 십자가에 달린 도둑도 정죄하지 않으셨습니다. 그리고 그분의 대사인 우리도 다른 사람을 정죄해서는 안 됩니다(눅 23:39-42, 고후 5:20).

그리스도 안에는 정죄감이 아닌 새로운 생명이 있습니다. 그분 안에는 종교의 노예나 죄의식이 아닌 구원이 있습니다. 그분 안에는 사로잡힘이 아닌 구원이 있습니다. 우리의 메시지는 상처를 주지 않고 치유해야 합니다. 우리는 그리스도를 대표하므로 다른 사람을 파괴할 수 없습니다. 우리는 생명과 기쁨과 평안을 주어야 합니다.

복음을 들은 사람들과 듣지 못한 사람들

그리스도를 전하는 모든 자들이 직면하는 큰 문제는 종교적이지 않은 방법이나 말을 통해 복음을 받아들인 사람들을 불편하게 하지 않으면서 아직 듣지 못한 사람들에게 예수 그리스도의 복음을 나누는 것입니다.

기독교는 병적이거나 우울해서는 안 됩니다. 기독교는 우리가 구원을 받았다는 좋은 소식입니다. 이제 누구든지 일어나 하나님과 함께 다시 걸을 수 있습니다. 가장 나쁜 상태의 사람일지라도 무한한 가능성을 가지고 있습니다. 사람들은 새로운 피조물이 될 수 있습니다. 이 말이 부정적이거나 비관적이게 들립니까? 그렇지 않습니다. 이는 여성과 남성들을 위한 목적 있는 새로운 삶을 여는 문입니다.

여성 그리스도인으로서 우리는 우리의 기도, 고백, 설교, 찬양을 발전시켜야 합니다. 크리스탈 대형교회 목사는 예배에서 불리는 오래된 많은 찬송가 가사들을 수정했습니다.

스스로를 정죄하는 가사들은 믿음과 새로운 삶에 대한 가사로 바뀌었습니다. 고군분투하던 생각들은 그리스도 안에 있는 승리의 생각들로 바뀌었습니다. 부정적 사고방식을 표현하던 구절들이 이제는 긍정적인 이상들을 나타내게 되었습니다. 멜로디는 그대로 유지했지만 그 안의 가사들은 그리스도인들이 세상으로 나아가 성공할 수 있도록 그들을 세워주고, 활기차게 하고, 영감을 주기 위해 바뀌었습니다.

믿음의 고백

아래의 일곱 가지 고백들을 당신의 마음에 새겨 넣기를 바랍니다. 당신이 누울 때나 일어날 때나 당신의 귀에 이 고백들을 반복적으로 들려주십시오.

먼저 당신의 집이나 사무실 또는 상점에서 아래 고백들을 좌우명으로 삼으십시오. 목사와 리더들이 이 생각들을 붙잡고 그들의 가르침의 새로운 주제로 삼도록 기도하십시오. 이 고백들로 새로운 노래를 지으십시오. 이 고백들을 암송하십시오. 당신의 여성 혹은 남성으로서 자아상이 될 때까지 잠들기 전에 그리고 일어나자 마자 반복하십시오.

1. 나는 하나님의 형상대로 창조되었습니다!
2. 나는 유일무이한 독특한 존재입니다!
3. 나는 하나님과 다른 사람들에게 무한한 가치를 지닌 사람입니다!
4. 나는 내가 가지고 있는 결점에도 불구하고 사랑받고 있습니다!
5. 나는 구원받았고 주님께 받아들여졌습니다!
6. 나는 다른 사람들을 섬기기 위해 그분의 신성한 축복들을 받았습니다!
7. 나는 그분의 왕국 안에서 대사로 임명받았습니다!

이것이 바로 목적 있는 삶입니다.

당신은 특별한 사람입니다. 당신은 사랑받고 있으며 중요한 존재입니다. 하나님은 당신을 신뢰하십니다. 당신은 그분의 계획 안에 있습니다. 여성인 당신은 특별하며 유일무이합니다.

당신이 이 사실을 실제로 믿을 때까지 말하고, 생각하고, 기도하고, 노래하십시오. 그렇게 할 때 당신은 구별된 건강한 자아상을 지닌, 끊임없이 성장하는 전 세계 여성들의 군대에 이름을 올리게 될 것입니다.

부정적인 말의 독

유럽의 한 가난한 젊은 여성이 저와 제 남편을 만나기 위해 집을 도망쳐 나와 바다를 건너 오클라호마 털사까지 왔습니다. 어린시절부터 그녀의 부모는 그녀가 멍청하고, 공부를 못할 것이고, 매력적이지 않고, 직업을 가지지 못할 것이고, 남편에게 사랑받지 못할 것이라고 말했습니다. 그들이 부정적인 말을 할수록 그녀의 잠재의식 속에 부정적인 생각들이 새겨졌을 뿐만 아니라 실제로 그녀의 삶에 나타났습니다. (이는 교회의 교사들이나 목사들이 말하는 대로 여성들 혹은 성도들이 변화하는 것과 정확히 같은 방식입니다.)

이 여성은 항상 부정적이고 파괴적인 분위기가 지배적인 가정 안에서 살았습니다. 그녀는 자신 없고, 소심하고, 내성적이고, 의기소침한 사람이 되었습니다. 그녀의 부모는 그녀의 마음에 부정적이고 파괴적인 씨앗을 심는 것만으로도 그들의 딸을 노예로 만들었습니다. 그녀는 혼자 외출하는 것이 두려웠습니다. 그녀가 할 수 있는 일은 바닥을 닦는 일 뿐이었습니다.

　만약 그녀가 부모의 말대로 멍청했다면 그녀는 비밀스레 저와 제 남편을 만나기 위해 미국으로 오는 것을 생각하지 못했을 것입니다. 그녀는 몰래 여권과 비자를 준비하고 비행기 티켓을 예약해야 했습니다. 그녀가 해야 할 일들이 있었습니다.

　그녀는 멍청하지 않았습니다. 그녀는 가장 가까운 피해자인 딸에게 자기혐오를 준 잔혹한 부모로 인해 그저 감정적으로 굶주리고 정신적으로 파괴된 상태였을 뿐입니다.

말은 능력을 품고 있는 씨앗입니다

　당신이 성경을 가르치거나, 설교자, 목사, 복음전도자, 부모, 리더라면 듣는 사람들의 마음에 심는 당신 말의 능력과 영향력을 절대 잊지 마십시오. 그 말은 긍정적인 혹은 부정적인 씨앗입니다. 당신의 말로 심겨진 그 씨앗은 듣는 사람들로 하여금 그 씨앗의 종류와 같은 사람들이 되게 할 것입니다.

만일 당신이 판단과 정죄의 말들을 하는 습관이 있다면 결과적으로 당신은 판단하고 정죄하는 사람들을 만들 것입니다. 그것은 당신이 심은 씨앗의 필연적인 수확입니다.

만일 당신이 다른 사람들을 비난한다면 당신을 비난하는 사람들을 거두도록 스스로를 운명짓게 될 것입니다.

그러나 당신이 사랑, 그리스도의 용서, 그분의 긍휼함과 오래참음으로 자신을 채운다면 당신은 사랑과 용서와 긍휼함과 오래참음의 덕을 거둘 것입니다.

당신이 주변 사람들, 회중, 또는 사랑하는 가족들의 마음에 무엇을 심든지 당신이 심은 자신의 말과 태도를 수확하게 될 것이라는 사실을 절대 잊지 마십시오. 심고 거두는 법칙의 결과를 피하는 것은 불가능합니다. 이는 여성과 남성 모두에게 절대적인 법칙입니다.

새로운 말과 새로운 삶

우리는 그 젊은 유럽 여성을 우리의 개인 기도실로 데려갔습니다. 그리고 그녀에게 사랑과 존중과 긍휼함을 보여주자, 우리는 그녀의 감정적으로 상처받은 얼굴 뒤에 있던 특별한 사람이 되고 싶어하는 빛나고 사랑스러운 여성을 볼 수 있었습니다. 실제로 그녀는 매우 뛰어난 직관력이 있었습니다. 그녀는 물에 빠진 사람이 밧줄을 움켜쥐듯이 자신의 자아상을 세워주는 고백들을 붙잡았습니다.

그녀가 말할 때마다 그녀의 입과 얼굴이 경련이 일어나듯이 찡그려졌습니다. 그녀의 머리와 어깨가 그녀의 의지와 상관없이 뒤틀려졌습니다. 그녀의 온몸은 그녀의 의기소침한 정서상태를 보여주고 있었습니다. 거의 대부분의 사람들이 그녀가 노이로제에 걸린, 정서적으로 불안정한 사람이라고 생각했겠지만 그녀의 유일한 문제는 그녀에게 악의적으로 스며든 추잡하고 부정적인 말들과 생각들이었습니다.

긍정적인 능력

그 젊은 여성은 우리의 기도실에서 하나님을 올려다보며 서 있었습니다. 눈물이 그녀의 뺨을 적실 때, 우리는 그녀에게 이 내용들을 큰 소리로 고백하게 했습니다.

나는 하나님과 같은 형상으로 창조되었습니다. 나는 하나님의 눈에 중요한 사람입니다. 그분은 나를 신뢰하십니다. 그분은 나를 위해 값을 지불하셨습니다. 그분은 나를 원하시며 나를 필요로 하십니다. 나는 그분의 계획 가운데 있습니다. 하나님은 모든 사람들을 사랑하시듯 나를 사랑하십니다.

그리고 우리는 그녀와 함께 기도했습니다. 유럽으로 돌아갔을 때 그녀는 새로운 여성이 되었습니다. 그녀는 목적 있는 삶을 가지고 있다고 믿었고, 자신도 성공할 수 있다고 믿었습니다.

그녀는 자신에 대해 긍정적인 생각들을 했으며 어깨를 쫙 펴고 곧게 걸었습니다. 그녀는 웃게 되었습니다. 그녀는 소망을 갖게 되었습니다. 그녀는 새로운 관점을 갖게 되었습니다. 그녀의 생각이 바뀌었기 때문에 그녀의 모든 삶도 변화되었습니다. 그녀는 건강한 자아상을 지닌 여성이 되어갔습니다.

낡은 동전

그녀가 유럽으로 떠나기 직전, 저와 남편은 오클라호마 털사의 한 강변 산책로를 걷고 있었습니다. 그때 남편은 길가에서 낡고 닳은 동전 하나를 발견했습니다. 그 동전은 수백 대의 차들에 밟혀서 긁힌 자국들이 많이 생겼기 때문에 그것이 동전이라는 것조차 알아보기 어려웠습니다.

남편은 그 동전을 집어 들었습니다. 그가 동전을 손에 올려

두고 그는 주님께서 그에게 말씀하신 바를 저에게 말해주었습니다: 그 동전은 아름답고 빛나는 동전과 같은 가치를 가지고 있다. 동전의 가치는 동일하다. 그 사랑스러운 유럽 여성도 마찬가지이다.

그녀에게 가서 내가 너에게 말한 내용을 전해주어라. 그녀가 자신의 부모와 이웃들로부터 상처를 받고 망가졌을지라도 그녀는 유럽에서 가장 아름다운 여성같이 귀하다.

우리는 그 동전을 가지고 가서 그 여성의 손에 올려놓았습니다. 그녀가 동전을 쳐다볼 때, 남편은 그녀에게 하나님의 메시지를 전했습니다. 그리고 나서 그녀는 동전을 쥐고 남편을 따라 이렇게 고백했습니다.

내 삶은 이 낡은 동전과 같습니다. 그렇지만 저는 유럽에서 가장 온전하고 아름다운 사람같이 귀합니다!

그녀는 그 동전을 자신의 성경과 함께 보관하겠다고 약속했습니다. 누군가가 그녀를 비판하는 말들을 할 때마다 그녀는 이 낡은 동전을 쥐고 '내 삶은 이 낡은 동전과 같습니다. 그렇지만 저는 유럽에서 가장 온전하고 아름다운 사람같이 귀합니다!'라고 말하기로 약속했습니다.

그녀의 삶에 일어난 변화는 기적적이었습니다.

정신이 온전하지 않았던 거지, 카리우키

한 가난한 정신이상자가 우리의 집회에 참석하게 되었습니다. 그의 머리에는 벼룩이 들끓고 있었고 온몸은 더러웠습니다. 그의 눈은 사나웠습니다. 그의 누더기 옷은 그의 몸을 간신히 가리고 있었습니다.

그는 17년 동안 정신이 온전하지 않았고, 야생동물처럼 길과 숲속에 살고 있었습니다.

그날 집회에서 그의 삶에 예수님이 찾아오셨습니다. 그에게서 귀신들이 나갔고 그는 정상적인 상태가 되었습니다. 그는 친절하고 온유한 남성이 되었습니다. 그는 귀신들이 그를 어떻게 괴롭혀 왔는지 말하며 눈물을 흘렸습니다.

강단에 선 티 엘 오스본 목사는 더럽고, 냄새 나고, 초라한 남성을 두 팔로 감싸 안으며 그에게 말했습니다: 카리우키, 이제 당신은 나의 형제입니다. 우리는 하나님의 가족입니다. 우리는 같은 아버지를 가지고 있습니다. 당신은 나와 같이 하나님의 형상대로 창조되었습니다. 당신은 그분께 중요한 사람입니다. 그분은 당신을 사랑하십니다. 그분은 당신을 필요로 하십니다. 당신은 하나님의 일을 위해 선택된 그릇입니다. 그분은 당신의 삶을 향한 계획을 가지고 계시며 그 계획은 그 누구도 당신 대신 성취할 수 없습니다(딤후 2:21, 엡 2:10).

얼마나 대단한 변화입니까! 이제 카리우키는 특별하고 중요한 사람이 되었습니다! 그는 왕 중의 왕 그리고 만군의 주에 속한 자가 되었습니다.

우리는 사역자들에게 카리우키를 데려가서 목욕을 하고, 머리를 감기고, 머리를 깎고, 새 옷과 신발과 넥타이를 사줄 것을 요청했습니다.

다음 날 카리우키가 집회에 왔을 때 우리는 그를 거의 알아보지 못했습니다. 우리가 그에게 심은 생각의 씨앗들이 이미 그의 태도에 영향을 주기 시작했습니다.

티 엘 오스본 목사는 자신이 설교하기 전에 카리우키에게 성경 구절을 읽어 달라고 요청했습니다. 카리우키는 그 일을 아름답게 해냈습니다. 우리는 그가 너무나도 자랑스러웠습니다. 하나님이 그에 대해 어떻게 생각하고 계셨을지 상상해보십시오. 하나님은 그를 구원하기 위해 최고의 값을 지불하셨습니다.

카리우키는 매일 간증했습니다. 그는 모든 사람들에게 예수님에 대해 말하고 싶어했습니다. 그는 좋은 직장을 찾았습니다. 이제 그는 주님을 섬기는 자가 되었습니다. 그의 삶은 하나님의 사랑, 사람의 가치, 참된 목적이 있는 삶의 가치에 대한 살아있는 증거입니다.

카리우키는 행운아였습니다. 그가 구원을 받고 귀신들로부터 구출을 받자마자 그는 자신에 대한 긍정적인 생각들과 그를 세워주는 관념들을 듣게 되었습니다.

그는 자신이 하나님의 형상대로 창조되었고, 하나님의 계획 가운데 있고, 사랑받고 있고, 중요한 사람이고, 성공할 수 있다는 말을 들었습니다. 그는 자신에 대한 하나님의 생각을 붙잡았습니다. 그는 목적 있는 삶을 발견했습니다.

당신은 있는 그대로 사랑받습니다

여성인 당신은 하나님이 당신을 위해서도 최고의 값을 지불하셨다는 것을 알아야 합니다. 그 값은 독생자 예수 그리스도의 보혈과 생명입니다. 그분은 중요하지 않은 존재를 위해서 최고의 값을 치르지 않을 것입니다. 그분은 오직 중요한 존재를 위해서 최고의 값을 치를 것입니다. 당신은 하나님께 소중한 존재입니다! 당신은 하나님의 신성한 계획 가운데 귀한 존재입니다.

당신은 죄를 지으며 살았을 수도 있습니다. 그러나 예수님은 죄인만 구원하신다는 것을 기억하십시오. 하나님의 용서는 오직 무언가를 잘못한 사람들을 위한 것입니다. 하나님의 속량은 오직 잃어버린 자들을 위한 것입니다. 하나님의 구원은 오직 자신이 지어진 대로 살지 못하는 사람들을 위한 것입니다.

예수님은 당신을 환영하시고 당신을 있는 그대로 사랑하십니다.

하나님이 당신을 위해 지불하신 값을 보면 당신은 이렇게 말할 것입니다. 나는 중요한 존재임에 틀림없다! 당신의 자아상은 고취될 것입니다. 당신을 사랑해주시는 하나님을 사랑하기 시작할 것이고, 이는 당신으로 하여금 다른 사람들을 사랑하게 할 것입니다. 사랑은 당신 안에서 역사하시는 하나님입니다. 성경은 말합니다: 내게 능력 주시는 그리스도를 통하여 내가 모든 것을 할 수 있느니라(빌 4:13). 당신 안에 있는 그분의 능력은 당신 안에서 역사하시는 그분의 사랑입니다. 그리고 그 능력은 이 땅의 모든 여성과 남성에게 가장 위대한 능력입니다.

당신이 여성으로서 자신에 대한 하나님의 생각을 받아들인다면, 당신은 더 이상 하나님이 당신 안에 만들어두신 멋진 사람을 파괴하고 싶지 않을 것입니다. 당신은 자신의 몸, 마음, 폐, 장기, 피, 심장을 귀하게 여기게 될 것입니다. 그분이 당신을 받아들이시므로 당신은 스스로뿐만 아니라 다른 사람들도 받아들이기 시작할 것입니다.

당신은 그분을 대변할 것이며 잃어버린 자들에게 구원이 임할 것입니다. 당신이 그분께 기도할 때 사람들에게 놀라운 변화가 일어날 것입니다. 당신은 아프고 빈곤한 사람들을 만질 것이고, 그분의 경이로운 능력이 그들을 치유할 것입니다.

당신의 몸은 그분의 성전이 되었습니다. 당신은 그분을 대신하여 행하도록 권세를 받았습니다. 당신은 사람들을 축복하고, 치유하고, 돕고, 세워주는 하나님의 계획 안에 있습니다. 이는 결코 당신의 성별에 달려있지 않습니다.

당신의 손 외에 다른 손은 없습니다

제2차 세계대전이 일어난 시기에 프랑스에 있던 예수님의 한 아름다운 동상이 훼손되었습니다. 그 마을 사람들은 자신들의 교회를 사랑했습니다. 그들은 교회 앞에 서있던 예수님의 동상의 조각들을 모아서 보수 작업을 했습니다. 그러나 그들은 동상의 손 부분을 끝내 찾을 수 없었습니다.

몇몇 사람들은 이렇게 말했습니다: 우리의 그리스도의 동상에 손이 없다니 어쩌면 좋습니까? 그때 어떤 사람이 한 가지 방안을 내놓았습니다. 그리고 그는 동상에 동판을 붙이고 다음과 같은 말을 새겨 넣었습니다: 나에게는 너의 손 외에는 다른 손이 없다!

어느 날, 그 마을을 방문한 한 사람이 그것을 보고 영감을 받아 시를 한 편 지었습니다:

오늘 나의 일을 행하기 위해 나에게는 너의 손 외에 다른 손은 없다.

영혼들을 인도하기 위해 나에게는 너의 발 외에 다른 발은 없다.

내가 어떻게 죽었는지 그들에게 알리기 위해 나에게는 너의 혀 외에 다른 혀는 없다.

그들을 하나님께 데려오기 위해서 나에게는 너의 도움 외에 다른 도움은 없다.

그리스도는 사람들을 통해 사역하십니다

그리스도는 당신을 통해서만 그분의 팔을 펴고 영혼들에게 축복의 신성한 손을 얹으실 수 있습니다. 이제 당신은 그분의 몸입니다. 당신의 지역사회를 향한 그분의 사역이 모든 남성을 통해서 나타나듯이 여성인 당신을 통해서 나타납니다.

그분은 사람들에게 구원에 대해 말하고, 복음으로 그들을 설득하고자 하십니다. 이제 그분은 그 일을 당신을 통해 하실 수 있습니다. 당신은 그분의 증인이 될 자격이 있습니다(행 1:8).

그분은 잃어버린 자들, 아픈 자들, 갇힌 자들을 방문하여 축복하기 원하십니다. 그분은 이제 그 일을 당신을 통해 하실 수 있습니다. 이 일은 모든 남성의 사명인 것처럼 여성인 당신의 사명입니다.

그분은 그분의 일을 행하기 위해 천사를 보내지 않으실 것입니다. 그분은 이제 당신과 저를 통해 일하십니다. 당신이 다른 일로 너무 바쁘거나, 자신이 자격이 없다고 생각하거나, 자신의 일이 더 중요하다고 느껴지거나, 시간이 없다는 생각이 든다면 당신의 그리스도는 그 동상처럼 손이 없는 상태와 같습니다.

당신은 그분이 당신의 지역사회를 방문하시거나 당신의 국가 혹은 지역이 복음화 되는 것을 위해 수년간 기도하며 금식했을 수 있습니다. 그러나 그 일은 오직 당신을 통해서만 일어날 수 있습니다!

당신은 하나님의 작품입니다

미켈란젤로는 최소 44개의 위대한 대리석 조각품들을 작업했다고 알려져 있습니다. 그러나 우리가 아는 바로는 미켈란젤로는 이탈리아 플로렌스에 있는 다비드상, 로마 바실리카에 있는 피에타상, 그리고 그의 기념비적인 작품인 모세상 등 오직 14개의 조각품들만 완성했습니다.

생각해 보십시오. 30개가 넘는 위대한 작품들이 미완성으로 남았습니다. (다행히 부분적으로 조각된 대리석들은 이탈리아의 한 박물관에 보관되어 있습니다.) 일부 조각들은 손만 있거나 다리만 있고, 팔꿈치만 있거나 어깨만 있고, 발가락이 있는 발만 있습니다. 위대한 거장의 마음에 있던 전체 디자인은 실제로 구현되지 못했습니다. 몸의 나머지 부분들은 대리석에 영원히 갇혔으며 미켈란젤로가 원래 구상했던 디자인대로 형상화되지 못했습니다.

이것이 하나님과 당신의 경우입니까? 당신 안에 있는 재료는 최고급입니다. 당신은 속량받았고 모든 값은 지불되었습니다. 당신은 순수 대리석과 같은 상태입니다.

그리고 위대한 조각가가 그분의 기적적인 능력으로 당신을 온전하고, 멋진, 완벽한 여성으로 만들어 그분의 능력을 나타내기 원하십니다. 그러나 어떤 이유로 당신은 그분의 계획에 자신을 내어드리지 않았습니다. 당신은 그분의 관점을 붙잡지 않았습니다. 완전한 발전에 내어드리지 않았습니다. 지금까지는 오직 당신의 일부분만 개발된 것입니다.

비극 혹은 승리

여성 혹은 남성에게 최악의 비극은 그들 안에 있는 숨겨진 가능성들을 발견하지 못한 채 살다가 죽는 것입니다. 반면 최고의 승리는 그리스도 안에 있는 자신, 즉 그분이 당신을 위해 창조한 풍성하고 온전하고 행복한 삶을 발견하여 그분이 당신 안에 있는 제한 없는 삶을 발전시켜 주시도록 내어드리는 것입니다. 이 일은 당신이 다른 사람들에게 심고 거두며 일어납니다. 이것이 목적 있는 삶입니다.

이제 하나님을 따르는 여성인 당신은 자신에게 영향을 미치는 삶의 위대한 본질에 대한 새로운 관점을 갖게 되었습니다.

첫 번째: 당신은 하나님에 대한 새로운 관점을 갖게 되었습니다. 당신은 그분의 능력과 사랑을 알고 그분이 당신을 만나고 변화시키기 위해 지금 여기 실재하신다는 것을 압니다.

두 번째: 당신은 다른 사람들에 대한 그분의 관점을 갖게 되었습니다. 당신의 삶과 당신의 믿음을 표현하는 일의 참된 목적을 그들 안에서 발견합니다.

당신은 두 배의 승리의 비밀을 발견하게 되었습니다. 다른 사람들이 승리하도록 도와줄 때 당신도 승리합니다. 다른 사람들이 성공하고 성장하도록 도울 때 당신도 성공하고 성장합니다. 다른 사람들이 행복을 찾도록 도울 때 당신도 자신의 행복을 발견합니다.

다른 사람들을 축복하는 것이 하나님의 축복을 받는 비결입니다. 당신이 다른 사람들에게 주면 그들이 후히 되어 꼭꼭 누르고 잘 흔들어서 넘치게 되어 당신에게 주기 때문입니다(눅 6:38).

세 번째: 당신은 자신에 대한 새로운 관점을 갖게 되었습니다. 당신은 하나님이 당신을 바라보시는 대로 자신을 보는 법을 배웠습니다. 당신은 자신을 건강한 자아상을 지닌 왕족의 일원으로 보는 법을 배웠습니다.

행동할 때입니다

이제 당신의 행동을 통해 주님께 당신이 목적 있는 삶에 대한 그분의 태도를 받아들인다고 알려드릴 때입니다.

당신이 해야 할 일은 무엇입니까? 당신이 믿는 바를 고백하십시오. 그분의 새로운 꿈, 아이디어, 생각이 당신의 새로운 삶의 계획이 되었다고 고백하십시오. 그리고 고백에 따라 행동하기로 결단하십시오.

바울은 영접의 원리를 간단히 두 단계로 설명했습니다: 1) 만일 하나님이 예수님을 죽은 자들로부터 살리신 것을 당신의 마음에 믿고 2) 당신의 입으로 그분을 주님으로 고백하면 당신은 구원을 받을 것입니다(롬 10:9). 이것이 하나님으로부터 오는 모든 축복을 받는 원리입니다.

첫째: 당신의 마음으로 믿으십시오. 이것이 당신의 믿음입니다.

둘째: 이를 다른 사람들에게 당신의 입으로 고백하십시오. 다른 사람들과 이 원리를 나누고 전하십시오. 이것이 당신의 사역입니다.

이것은 당신의 삶의 가장 위대한 순간입니다. 아직 젊은 여성일지라도 당신은 하나님의 계획의 일부가 되길 원합니다. 당신은 절대 이전과 같지 않을 것입니다.

나이가 든 여성들도 그들의 방향성을 바꿀 수 있고 새로운, 긍정적인, 훌륭한 삶을 시작할 수 있습니다. 당신이 새로운 비전을 가지게 되었다면 결코 늦은 시기라는 것은 없습니다. 이스라엘의 초대 총리 다비드 벤구리온은 70세가 지나서 프랑스어를 배웠습니다. 위대한 화가 티티안은 98세였을 때 명작들을 그렸습니다.

어떤 여성 혹은 남성은 자신들의 꿈, 그들의 새로운 프로젝트, 그들의 새로운 생각만큼 젊습니다.

100세가 가까운 나이에도 여전히 끊임없이 일합니다

거의 100세에 가까운 노신사가 휠체어를 타고 털사에 있는 저와 남편을 만나기 위해 왔습니다. 그는 매주 교도소에서 사역을 하고 있었고, 그리스도께로 많은 영혼들을 인도했습니다.

그는 프로젝터 한 대와 우리의 집회 다큐멘터리 영상들을 원했습니다. 그는 사람들에게 그 영상들을 보여주며 예수님을 전하기 위해 미국 전역을 여행할 계획이었습니다. 그는 전문 설교자가 아니었지만 하나님의 아이디어를 가지고 있었습니다.

그는 말했습니다: 저는 죽을 수 없습니다! 저는 해야 할 일이 너무나도 많습니다! 잃어버린 영혼들이 많고, 예수님을 필요로 하는 사람들이 많습니다! 저는 그들에게 전해야 합니다! 그는 거의 100세에 가까운 나이였지만 죽을 시간조차 없었습니다. 아름다운 목적이 있는 삶과 다른 사람들을 향한 하나님의 태도를 받아들인 정말 아름다운 예시입니다!

어떤 사람도 나이가 너무 많거나 너무 적지 않습니다. 저는 12살의 나이에 구원을 받았습니다. 남편과 저는 18살, 17살 나이에 결혼했습니다. 우리는 21살, 20살 나이에 인도 선교사가 되었습니다. 그 누구도 너무 어리거나 너무 늦지 않았습니다. 오늘은 당신의 날입니다.

새로운 헌신

저는 당신이 예수 그리스도께 헌신하기를 초청합니다. 여성 그리스도인인 당신의 최고의 잠재력이 완전한 형태로 나타날 때까지 최고의 예술가인 하나님이 당신을 조각하시도록 내어 드리십시오.

하나님이 당신을 보시는 것처럼 자신을 보십시오. 당신을 향한 하나님의 계획을 보십시오. 당신을 부르는 무한한 가능성을 보십시오. 당신은 승리하는 팀의 일원입니다. 이제 그 무엇도 당신을 막을 수 없습니다.

다른 사람들을 향한 그분의 계획에 참여하고 그분의 건강한 자아상을 지닌 구원받은 여성들의 부대에 합류하겠다고 주님께 말씀드리십시오.

기도

하나님께 이 기도를 드리십시오.

오 주님, 나는 오늘 당신의 음성을 듣습니다. 나는 당신이 내게 말씀하셨음을 믿습니다. 나는 당신이 원하시는 그 존재가 되길 원합니다. 나는 오늘 새로운 비전을 보았습니다. 새로운 아이디어가 하나님의 여성인 내 안에 심겨졌습니다.

당신은 나를 얼마나 사랑하는지 증명하셨습니다. 당신은 나를 사랑하십니다. 당신은 내 죄를 담당하셨습니다. 당신의 피는 나를 깨끗하게 하기 위해 흘려졌습니다(롬 5:8-9). 주님, 나는 당신을 믿습니다.

나는 당신의 새로운 생명을 받아들입니다. 나를 새로운 피조물로 만드시는 그 능력에 감사드립니다.

예수 그리스도의 피가 나를 깨끗하게 합니다(요일 1:7). 예수 그리스도의 생명이 나를 거듭나게 하십니다(벧전 1:23). 예수 그리스도의 기쁨이 나를 채웁니다(요 15:11, 요 16:24). 나는 무한한 가치를 지닌 존재입니다(벧전 1:7). 당신이 나를 사랑하심에 감사합니다. 나는 당신의 것입니다(요 6:37)

당신의 보혈로 구원받은 나의 몸은 당신의 성전이 되었습니다. 나는 받아들여졌습니다. 나는 당신의 왕국으로부터 임명받았습니다(고전 6:19-20). 나는 당신의 가족 구성원입니다.

나는 당신에게 귀한 존재입니다. 나는 당신의 본성을 가지고 있습니다. 나는 사랑받으며 다른 사람들을 사랑할 수 있습니다. 내가 다른 사람에게 무엇을 심든 나는 그것을 거둘 것입니다(갈 6:8).

나는 배고픈 자들을 먹일 것입니다. 나는 목마른 자들을 마시게 할 것입니다. 나는 헐벗은 자들을 옷 입혀줄 것입니다. 나는 아픈 자들과 갇힌 자들을 방문할 것입니다.

그리스도를 따르는 여성으로서 나는 오직 다른 사람들을 섬길 때 당신을 섬길 수 있음을 깨닫습니다. 나는 오직 다른 사람들을 사랑할 때 당신을 사랑할 수 있습니다. 내가 당신의 계획의 한 부분임에 감사드립니다. 나의 자리는 다른 사람이 대체할 수 없습니다(엡 2:10).

나는 이제 더 이상 스스로나 여성에 대해서 부정적인 고백을 하지 않겠습니다. 나는 더 이상 스스로 정죄하지 않을 것입니다. 나는 더 이상 당신이 귀하게 여기는 것을 파괴하지 않겠습니다(행 10:15).

이제 나는 여성인 내가 받아들여졌다는 사실을 깨닫습니다. 나는 당신의 일을 행할 수 있습니다. 나는 거듭났습니다. 나는 새로운 피조물입니다. 나는 내 오랜 전통들을 회개합니다. 나는 나에 대한 생각을 바꾸었습니다.

나는 주님을 새로운 관점으로 바라봅니다. 나는 다른 사람들을 당신이 바라보시는 대로 바라봅니다. 나는 나 자신을 당신의 형상 안에서 바라봅니다.

우리가 함께 한다면 실패할 수 없습니다. 아버지, 당신께서는 모든 것이 가능합니다(막 10:36). 주님, 감사합니다! 예수 이름으로 기도합니다.

아멘!

6장

하나님과의 동역

어떤 사람들은 번영한 여성은 오만하고, 탐욕스럽고, 자기중심적이라고 생각하며 재정적 수단이 없는 여성은 겸손하고, 후하고, 너그럽다고 믿습니다.

이러한 전통적인 견해로 인해 수백만 명의 여성 그리스도인들은 타고난 재능이나 능력을 개발하지 못하고 대부분 물질적인 성취나 창조적인 생산성에 대한 생각없이 체념하며 종속된 삶을 살아가고 있습니다.

여성들의 학문적 혹은 사업적 잠재력이 단조롭고 창의적이지 않은 전자기기들과 TV드라마의 세상에서 헛되이 사라지는 것은 옳지 않습니다.

여성들이 지속적인 노예 상태와 의존적인 복종의 자아상에 굴복하면 여성들에 대한 구시대적인 발상은 그들의 창조성을 점진적으로 억누릅니다. 그런 굴복은 그들의 타고난 기술과 지혜를 의미 없게 만듭니다.

하나님과의 동역은 남성들과 여성들 모두를 위한 것이며, 모든 성공한 사람들이 그렇듯 창조적인 사고, 사업, 산업, 경쟁적인 세계에서 하나님과의 동역을 적용해야 합니다.

여성 그리스도인으로서 비참하고 절망적인 사람들을 세우고 축복하는 일에 하나님의 재정 동역자가 되기로 결심하십시오.

6장

하나님과의 동역

여성 그리스도인들의 물질적인 번영은 하나님의 뜻입니까? 아니면 하나님의 딸들이 겸손하고, 고분고분하고, 순종적이기 위해 물질적인 필요를 남성들에게 의존하는 것이 하나님의 계획입니까?

성경은 여성들과 남성들 모두를 위한 번영과 물질적 풍요함에 대한 분명한 약속들로 가득 차 있습니다. 여성들이 이 땅에서 돈을 하나님의 목적을 완수하기 위한 수단으로 긍정적으로 생각해야 합니다.

가정 밖의 넓은 세상에서 활동할 수 있는 능력

여성들이 있어야 할 곳은 가정이라는 것과 하나님은 여성들에게 사업적 성취를 위한 지적 능력이나 성공을 위한 능력을 부여하신 적이 없다는 전통적인 견해들은 산업화된 현대사회의 종교와 문화에서 더욱 도드라지게 나타납니다.

   소위 제3세계라 불리는 지역에서 여성들이 그들의 타고난 사업 및 마케팅 재능으로 존경받는 진정한 기업가라는 사실은 위와 같은 견해에 대한 역설입니다.

   그러나 현대화된 세상에서 종교와 문화는 여성들에 대한 비합리적인 견해를 장려합니다. 여성들이 교육을 받고 학문적으로 탁월할 것으로 기대됨에도 불구하고 그들은 결혼하자마자 자신에게 주어진 역할을 수동적으로 받아들이며 종속적이고, 순종적이고, 복종하는 일들을 정중하게 받아야하는 상황에 놓입니다.

   여성들은 남편이 생긴 이후에 자신이 동경하거나 참여했던 경력, 일, 직업을 기분 좋게 내려놓고 훌륭하고 올바른 주부가 되기 위해 학력을 포기할 것이라는 기대를 받곤 합니다. 이는 그들이 남편의 무급 하인 혹은 종이 된다는 것을 의미합니다.

   위와 같은 모습은 오늘날 기술의 발전을 누리고 있는 가정에서 실용적이거나 적절하지 않음에도 불구하고 지속되고 있습니다.

   이러한 전통적인 견해로 인해 수백만 명의 여성 그리스도인들은 타고난 재능이나 능력을 개발하지 못하고 대부분 물질적인 성취나 창조적인 생산성에 대한 생각없이 체념하며 종속된 삶을 살아가고 있습니다.

성실한 주부였던 나의 어머니

저는 캘리포니아 중부의 머세드에서 11남매 중 하나로 태어나 그 근처에서 쭉 자랐습니다. 저희 집은 농사를 짓고 과수원을 하며 풍요롭지 못한 생계를 유지했습니다. 저는 열 번째 자녀로서 어머니가 주부로서 밤낮으로 수고하시는 것을 보며 자랐습니다.

가정에 필요한 모든 물은 오래된 우물에서 길었어야 했습니다. 그런 다음 물을 양동이에 담아 부엌의 거친 나무바닥으로 옮겼습니다. 어머니는 빨래를 하기 위해 물을 큰 쇠주전자에 담아 뜨겁게 데우셨습니다. 어머니는 집에서 직접 만든 가족들의 옷과 빈약한 침구류를 항상 깨끗하게 유지하기 위해 빨래통과 빨래판으로 세탁하며 하루에 몇 시간씩 힘들게 일하셨습니다.

어머니는 우리의 모든 옷들을 꿰매고, 스웨터나 양말 그리고 모직 옷들을 손으로 짜고, 채소류를 기르고, 장작 난로에서 모든 식사를 준비하고, 버터를 만들고, 바닥을 닦고, 과일 잼을 만들고, 침구류를 바느질하고, 빵을 만드셨습니다.

참으로 성실한 주부의 모습입니다. 한 가족의 생존이 그녀의 전문성에 달려있다는 것은 놀라운 일이 아닙니다.

그러나 종교와 문화는 잘못된 인간 논리를 따라 첨단기술을 갖춘 집에 사는 현대의 아내들도 저희 어머니와 같아야 한다고 고집합니다.

일반적인 현대 가정에서 전업주부로 사는 데 실제로 얼마나 많은 시간과 에너지가 필요합니까?

현대의 전업주부와 전업남편들은 모든 귀중한 시간과 노력을 절약해주는 영양균형이 잡힌 인스턴트나 냉동음식, 전자레인지, 밀봉되거나 통조림으로 된 음식 및 음료, 디저트, 전자버튼으로 작동하는 식기세척기, 쓰레기처리기, 세탁기, 건조기, 진공청소기, 정수기, 종이 접시, 플라스틱 식기, 일회용 기저귀, 기성복, 전기 담요, 그리고 수많은 제품들의 유익을 누립니다.

현대 여성들과 이전 세대 여성들

여성들의 학문적 혹은 사업적 잠재력이 단조롭고 창의적이지 않은 전자기기들과 TV드라마의 세상에서 헛되이 사라지는 것은 옳지 않습니다.

하나님의 현대 여성들을 그들의 이전 세대에게 어울리는 역할로 제한하는 것은 남성들을 그들의 예전 경장마차 시대의 메커니즘으로 제한하는 종교적 명령과 다를 바가 없습니다.

전통적인 종속의 덫

여성들이 지속적인 노예 상태와 의존적인 복종의 자아상에 굴복하면 여성들에 대한 구시대적인 발상은 그들의 창조성을 점진적으로 억누릅니다. 그런 굴복은 그들의 타고난 기술과 지혜를 의미 없게 만듭니다.

여성들이 자녀가 학교에 다니는 시기에 자신의 타고난 혹은 습득한 전문지식과 기술을 훈련하도록 자발적으로 선택하지 않거나 누군가에게 허락을 받지 못하는 경우, 그들은 부지불식간에 성취에 대한 갈망을 잃고 자신의 전통적인 종속의 안락함을 선호하게 될 수 있습니다.

그런 일이 일어날 때 귀하고 중요한 것이 여성들 안에서 사라집니다. 여성들의 삶에 영향을 끼치는 남성들은 보통 그녀의 삶에 필요한 생각들을 하고 중요한 결정들을 내렸습니다. 생존이나 성장을 위한 창조적인 전략은 남성들에게 달려 있었습니다. 그 결과 여성들은 물질적인 생산성에 대한 만족감이나 성취에 대한 자부심을 전혀 느끼지 못했습니다.

　보통 이혼하거나 사별한 여성들은 그들이 전략적인 기획이나 사업에 훈련되지 않았고, 사업에 관한 능력이 부족하고, 직장 경험이 없고, 취업에 부적격하고, 단순한 자격조건에도 부합하지 않는다는 것을 발견하게 됩니다. 많은 여성들이 자신의 은행계좌를 갖고, 자신의 이름으로 재산을 소유하고, 사업 계약에 서명을 하는 아주 간단한 존엄성조차 경험한 적이 없습니다. 그들 중 다수는 수표를 끊거나 일상적인 사업결정을 내려본 적이 없습니다.

하나님과 여성에게 불가능한 일은 없습니다

　하나님과의 동역은 남성들과 여성들 모두를 위한 것이며, 모든 성공한 사람들이 그렇듯 창조적인 사고, 사업, 산업, 경쟁적인 세계에서 하나님과의 동역을 적용해야 합니다.

　저는 당신이 여성으로서, 그분의 친구이자 동역자로서, 하나님의 계획 안에서 자신의 존엄성과 운명을 발견하도록 권면하기 위해 이 책을 썼습니다. 당신의 고유한 재능과 능력이 활기를 띠게 하십시오. 당신의 잠재력을 인식하십시오. 움직여서 배우는 자가 되십시오. 자신의 태도를 발전시키십시오. 사람들이 건강한 자아상을 지닌 여성이 되도록 축복하고, 세우고, 치유하고, 구원하는 하나님의 놀라운 왕국 사역을 함께 하는 동역자로서 자신을 바라보는 법을 배우십시오.

하나님은 그분의 일을 완수하기 위해 여성인 당신에게 의지하고 있다고 결단하십시오. 그분의 지혜가 당신에게 임할 것을 믿으십시오. 하나님과 여성들에게 불가능한 일은 없습니다.

하나님과의 동역을 완수하기 위해 마치 구원받지 못한 사람이 용서를 주장하고 아픈 사람이 믿음으로 치유를 주장하듯이 그분의 약속을 받아들이고, 주장하고, 행하십시오.

과거의 제한된 여성의 이미지에서 벗어나 당신의 세상에서 유능하고, 긍정적이고, 창조적인 생산자로 살기로 결정할 때 당신은 그 일을 하게 됩니다.

완전한 동역

여성 그리스도인으로서 비참하고 절망적인 사람들을 세우고 축복하는 일에 하나님의 재정 동역자가 되기로 결심하십시오.

다음의 문장이 당신의 태도를 표현하고 있습니까?: 여성인 나의 위치는 내가 하고 싶은 것을 양보하고 다른 사람들이 나에게 기대하는 역할을 수행하는 것입니다.

아니면 이 문장들이 당신의 태도를 묘사합니까?: 여성인 나는 사람들을 향한 그분의 사랑의 계획 안에서 하나님과 나를 동일시하기로 선택합니다. 나는 돈이 영혼구원을 위한 신성한 도구가 될 수 있음을 압니다. 나는 비참한 사람들에게 다가가 그들을 축복하는 하나님의 동역자가 될 것입니다!

사역이란 영혼들에게 다가가는 것입니다. 여성 그리스도인의 돈은 그녀의 삶을 나타냅니다.

그녀가 아직 복음을 듣지 못한 사람들을 위한 사역에 돈을 투자할 때, 그녀는 최전선에서 사역하거나 사람들에게 복음을 전하는 목회자 혹은 선교사와 같습니다. 그러나 그녀가 자신의 이름으로 돈을 벌거나 사업을 하기로 결정하지 않는 이상, 그녀가 어떻게 하나님의 효과적인 재정 동역자가 되고 그분과 함께 성취하는 일의 기쁨과 자부심을 경험할 수 있겠습니까?

왜 가난합니까?

하나님이 첫 번째 여성과 남성을 창조하셨을 때, 그분은 그들을 물질적으로 풍요로운 세상에 두셨습니다. 그분은 바다와 땅에 풍성함을 명령하셨습니다(창 1:20). 하나님께서 그들에게 복을 주시며 "다산하고 번식하라"(창 1:22)고 말씀하셨습니다. 그리고 그분은 아담과 하와를 이 풍성함을 다스리는 자로 세우셨습니다.

그러나 하나님의 사랑의 계획에 끼어든 사탄은 여성과 남성이 하나님을 대적하여 죄를 짓게 했고 결과적으로 그들은 하나님으로부터 분리되었습니다(사 59:2).

하나님은 그들에게 말씀하셨습니다: 너로 인하여 땅은 저주를 받고 너는 너의 전 생애 동안 고통 중에서 그 소산을 먹으리라. 또 땅은 네게 가시나무와 엉겅퀴를 낼 것이요 … 네가 땅으로 돌아갈 때까지 네 얼굴에 땀을 흘려야 빵을 먹으리니(창 3:17-19).

이제 당신은 빈곤과 물질적 결핍의 이유를 알고 왜 하나님이 남성들과 여성들을 위해 하나님과의 동역을 계획하셨는지 이해할 수 있습니다.

노예로 태어나지 않았습니다

여성들을 화나게 하고 괴롭히는 경제적인 문제들은 하나님의 삶의 원칙으로부터 떨어진 심각한 문제입니다.

당신이 살아가면서 맞닥뜨리는 어려운 상황들이 있습니다. 음식, 옷, 집과 같은 필수품들은 끊임없는 분투를 통해서만 확보됩니다.

당신은 하나님의 풍성함의 세상에 살아가면서도 애쓰고, 돈을 빌리고, 저당을 잡힙니다. 당신이 할 수 있는 모든 일을 함에도 불구하고 종종 생계를 유지하기 어렵습니다. 이것이 당신의 의지를 무너뜨리고 당신을 노예 상태로 만들어버리는 마귀의 전략입니다.

하나님은 절대 그런 고군분투를 위해 여성들을 창조하지 않으셨습니다. 하나님은 하와를 창조하셨을 때 그녀를 풍성한 삶이 있는 가장 아름다운 동산에 아담과 함께 두셨습니다. 그곳에는 아담과 하와를 위한 완전한 번영이 있었습니다. 이는 하나님이 모든 여성에게 계획하신 일이며 그분의 만족, 화합, 풍성함의 꿈이었습니다.

그러고 나서 속임수의 달인인 사탄이 그들을 만났고 그들은 하나님이 하신 말씀에 의구심을 갖게 하는 그의 교묘한 유혹에 넘어갔습니다(창 3:1). 그들은 육신의 정욕과 생의 자랑으로 선악과를 먹었고(창 3:6) 하나님의 법을 어겼습니다. 결과적으로 그들은 하나님께 받은 축복의 동산을 빼앗기게 되었습니다.

탐욕과 시기와 정욕과 속임수는 강자가 약자를 지배하고, 부요한 자가 가난한 자를 지배하고, 남성들이 여성들을 지배하고, 농부가 주인이 되어 소작농들을 지배하는 인간 사회의 악을 낳았습니다. 이 모든 것은 죄의 결과였습니다.

기쁨이 괴로움으로 바뀌었습니다. 행복과 사랑은 불만과 정욕으로 바뀌었습니다. 건강은 질병으로 인해 오염되었습니다. 풍요함은 결핍, 빈곤, 타락으로 떨어졌습니다. 사람들에 대한 하나님의 꿈은 중단되었습니다.

하나님은 영이십니다!
여성인 당신은 그분의 몸입니다!

예수님은 다음 구절들을 말씀하실 때 모든 것을 설명하셨습니다.

도둑(사탄)이 오는 것은 도둑질하고 살인하며 멸망시키려고 오는 것이다(요 10:10).

그러나 하나님은 아무도 멸망하지 않고 다 회개에 이르기를 원하신다(벧후 3:9).

여성인 당신은 노예가 되기 위해 태어난 것이 아니라 하나님의 상속자이자 예수 그리스도와 함께 한 공동 상속자(롬 8:16-17, 갈 3:29), 하나님의 친구이자 동역자가 되기 위해 태어났습니다.

하나님은 영이십니다! 여성인 당신은 그분의 몸입니다! 그분은 무엇을 하시든지 그분의 몸인 교회, 즉 당신과 저 같은 평범한 여성들과 남성들을 통해 일하십니다.

여성의 우선순위

하나님의 우선순위는 전 세계에 있는 모든 피조물에게 복음을 전하는 것입니다. 예수님을 따르는 여성이 가지는 최고의 우선순위는 하나님의 최고의 계획에 참여하는 것입니다. 그 일을 하기 위해서 여성 그리스도인은 자신을 위한 하나님의 번영 계획에 대해 배워야 하며 물질적 축복에 대한 그분의 계획을 자신의 것으로 만들어야 합니다.

저는 어린 소녀였을 때 어머니와 아버지로부터 작은 씨앗들을 좋은 토양에 뿌리는 법을 배웠습니다. 저는 우리가 이 땅에 심은 작은 것들에 대해 하나님께서 우리에게 얼마나 많이 돌려주시는지 보며 놀라움을 감출 수 없었습니다.

예수님은 그분이 주신 모든 약속은 씨앗이라고 가르쳐 주셨습니다. 그분은 말씀하셨습니다. 씨는 하나님의 말씀이요(눅 8:11). 그분의 약속의 씨앗은 썩지(부패하지, 죽지, 멸망하지) 않습니다(벧전 1:23). 하나님의 약속의 씨앗 안에 있는 생명은 죽거나 썩거나 멸망할 수 없습니다. 하나님의 약속의 씨앗들은 실패할 수 없습니다.

그리스도는 말씀하셨습니다: 내가 너희에게 한 말은 영이요 생명이라(요 6:63).

씨앗 안에는 생명이 있습니다. 그 생명은 삶의 저자이신 하나님으로부터 왔습니다.

좋은 씨앗이 좋은 땅에 심길 때마다 심는 자는 더 많은 수확을 거둡니다. 이 법칙은 중력의 법칙만큼이나 반박할 수 없습니다.

여성들이 옥수수 한 알을 심고 오직 한 알만 거두는 것은 불가능합니다.

하나님은 여성들이 그분께서 재물을 얻을 능력을 주시는 분이라는 것과(신 8:18) 재산과 부요는 하나님의 선물이라는 것을(전 5:18) 알기 원하십니다.

하나님은 여성들이 돈을 주고받는 일이 그들의 믿음의 행동과 그분의 무한한 공급의 교환이라는 것을 알기 원하십니다. 이것은 그분의 절대적인 심고 거두는 법칙에 근거합니다.

하나님의 여성 동역자

농부는 아주 질 좋은 곡식(첫 열매)을 따로 빼서 땅에 다시 심습니다. 그 결과, 땅은 농부가 심은 씨앗과 똑같은 종류를 풍성하게 돌려주고, 그 농부의 창고는 가득 찹니다(잠 3:9-10). 그런 방식으로 농부는 더 큰 밭에 더 많이 심게 됩니다.

잃어버린 영혼들에게 복음을 전하는 하나님의 사역에는 엄청난 재정이 필요합니다. 그분은 모든 여성 그리스도인들이 재정적 번영의 비결을 배우기 원하십니다. 당신의 돈을 영혼구원의 비옥한 토양에 씨앗으로 심고, 하나님이 당신이 심은 씨앗보다 더 많은 양을 돌려주신다는 것을 증명하시게 하십시오.

주를 두려워하고 그의 계명들을 크게 기뻐하는 사람은 복이 있나니(시 112:1). 부와 재산이 그의 집에 있을 것이며(시 112:3) 그의 종의 번영을 기뻐하시는 주께서는 위대하게 되소서(시 35:27).

하나님의 여성 동역자이자 재정 동역자로서 자기 자신을 그분께서 당신과의 주고받는 교환을 통해 부를 맡기실 수 있는 자로 여기십시오. 그리고 하나님의 기적이 후히 되어 꼭꼭 누르고 잘 흔들어서 넘치게 하여(눅 6:38) 올 것을 기대하십시오. 그분은 물질적인 기적을 행해야 할 때 그 일을 하실 것입니다.

여성과 기적들

하나님은 제자들의 세금을 낼 돈을 공급하시기 위해 물질적인 기적을 행하셨습니다(마 17:27). 그분은 광야에서 이스라엘 백성들에게 빵, 고기, 물을 공급하시기 위해서도 물질적인 기적을 행하셨습니다(출 16:14-17). 그분은 심지어 그들의 신발이 낡지 않게 하셨습니다(신 29:5).

하나님은 한 과부를 위해서도 물질적인 기적을 행하셨습니다. 빚쟁이들이 그녀의 아들들을 노예로 데려가려고 했습니다. 그 과부는 기적적으로 작은 기름 한 병으로 수많은 그릇들을 채울 수 있었습니다. 그리고 그 기름을 팔아 그녀의 빚을 갚았습니다. 그것은 기적이었습니다(왕하 4:1-7).

예수 그리스도는 배고픈 오천 명을 먹이기 위해 사막에서 물질적인 기적을 행하셨습니다(마 14:14-21).

그렇다면 당신에게 남은 질문은 이것입니다. 하나님이 당신의 필요를 채우기 위해서도 물질적인 기적을 행하시겠습니까?

하나님은 여전히 회심하지 않은 여성을 구원하십니까? 네, 구원하십니다. 만일 그녀가 하나님의 약속을 알고, 그분의 약속을 믿고 그에 따라 자신의 믿음으로 행동한다면 그녀는 구원받습니다.

하나님은 여전히 아픈 여성을 치유하십니까? 네, 치유하십니다. 만일 그녀가 하나님의 치유의 약속을 알고, 그분의 약속을 믿고 그에 따라 자신의 믿음으로 행동한다면 그녀는 치유됩니다.

하나님은 여전히 재정을 번영케 하시거나 기적적으로 여성의 소유를 증가시키십니까? 네, 번영하게 하십니다. 만일 그녀가 하나님의 부요의 약속을 알고, 자신의 믿음으로 그분의 약속에 근거하여 행동한다면 그녀는 부유해집니다.

여성들을 위한 성경 구절들

저는 구원을 약속하는 성경 구절들이 남성들만 아니라 여성들을 위한 것이라고 강하게 믿는 여성들이 있다는 것이 항상 놀라웠습니다. 그러나 그들은 하나님과의 동역에 대한 수많은 약속들에 대해서는 주장하지 않았습니다.

여성 그리스도인들은 다음 성경 구절을 주장하는 데 주저함이 없어야 합니다: 주의 이름을 부르는 자는 누구나 구원을 받으리라(롬 10:13). 그러나 성령께서 너희에게 임하시면 너희가 능력을 받으리니(행 1:8) 예수는 너희가 하늘로 가심을 본 그대로 오시리라(행 1:11).

그러나 오직 일부 여성 그리스도인들만 이 책에 언급된 구절들을 주장합니다. 그 구절을 읽으면서 스스로에게 질문해보십시오. 나는 이 성경 구절들이 여성인 나를 위한 것이라고 정말 믿는가?

다음과 같은 성경 구절을 인용해보겠습니다.

사랑하는 자여, 무엇보다도 네 혼이 잘됨 같이 네가 번성하고 강건하기를 바라노라(요삼 1:2).

위 구절에서 번성한다는 단어는 성공하고, 번영하고, 성공적이고, 마음과 몸과 물질적 재산 모두 안전하고, 평안과 안전한 행복을 가지고 있고, 안심하고 부유하다는 의미입니다. 이는 여성인 당신을 향한 하나님의 갈망을 묘사해 줍니다.

하나님은 무엇보다도 당신이 재정, 건강, 충만한 삶 모두에서 번성하기를 원하십니다.

그러나 예수님은 말씀하셨습니다: 너희는 너희 전통으로 하나님의 계명을 폐기시키고 있는 것이라(마 15:6). 전통이란 상속된 문화, 태도 혹은 신념입니다. 폐기시킨다는 단어는 반대되는 신념과 전통으로 하나님의 약속이 취소되거나 무효화되는 것을 뜻합니다. 이 단어에 대해 웹스터 사전은 '아무 의미가 없어지다, 무효로 하다, 법적 가치를 제공하지 않다, 영향력을 없애다' 라는 의미라고 말합니다.

여성으로서 당신은 자신의 전통으로 하나님의 말씀을 아무 의미가 없어지고, 무효로 하고, 법적 가치를 제공하지 않고, 영향력을 없애고, 취소하고, 폐할 수 있습니다(마 15:6). 하나님은 여성인 당신이 개인적인 수입, 물질적인 성취, 개인 사업에 대한 자부심, 개인적인 성공에 대한 자존감과 자부심 없는 삶에 종속되어 살기를 원하신다는 믿음을 고수할 때, 당신은 그분의 번영에 대한 약속을 폐기하는 것입니다.

여성의 번영은 옳지 않다 혹은 당신을 위한 것이 아니라는 전통적인 믿음은 당신의 물질적인 축복에 대한 하나님의 계획을 무효화합니다.

그러나 당신이 하나님의 약속을 읽고 그에 따라 행동할 때, 하나님은 과부의 기름을 기적적으로 배가시킨 일과 소년의 도시락으로 오천 명을 먹인 일과 같은 물질적인 기적들을 통해서라도 당신의 삶에서 번영을 성취하실 것입니다.

여성 증인들

저는 하나님의 말씀에 대한 믿음으로 주는 방법을 배운 후, 그분의 기적적인 돌려주심(결과)을 경험한 수많은 여성들의 간증을 알고 있습니다. 처음에 그들은 임금을 받는 사람들이었습니다. 오늘날 그들은 사업체를 운영합니다. 처음에 그들은 세입자였습니다. 이제 그들은 부동산 소유주입니다.

우리의 우편함은 하나님의 말씀을 시험해보고 그 결과 그분의 번영을 경험한 여성 그리스도인들의 간증들로 끊임없이 가득 찹니다. 그것은 건강한 자아상을 지닌 여성들의 큰 성취입니다.

네 몸의 열매들과 네 가축의 열매들과 네 땅의 열매들에서 좋은 것들로 너를 풍요롭게 하시리라(신 28:11). 이것은 여성인 당신에게 적용됩니다.

위 구절에서 풍요롭다는 것은 초과하다, 탁월하다, 풍성하다, 이익을 얻다, 풍부하다는 의미입니다. 이는 충분한 양보다도 더 많은 생산, 크고 풍성한 공급, 넉넉하고 충분한 양, 많은 공급, 방대한 수확이라는 뜻입니다.

다시 말해 성경은 이렇게 말하고 있는 것입니다: 좋은 것들로 너를 풍부하고 넉넉하게 하시리라. 그분은 너에게 크고 풍성한 공급을 하시리라.

주께서는 네 창고와 네 손으로 하는 모든 일에 네게 복을 명하실 것이며(신 28:8).

네 몸의 열매와 네 땅의 열매와 네 가축의 열매와 소의 새끼와 네 양의 새끼떼들은 복을 받을 것이며(신 28:4) 네 광주리와 창고가 복을 받을 것이니라(신 28:5).

위의 약속들은 모든 여성들에게 주어졌습니다: 네가 주 너의 하나님의 음성을 열심히 듣고 내가 오늘 네게 명령하는 그분의 모든 명령들을 지켜 행하면(신 28:1).

하나님의 뜻은 모든 것을 언제나 너희가 필요한 대로 가질 수 있게 하심으로 모든 선한 일에 넘치게 하시려는 것입니다(고후 9:8). 하나님은 당신이 모든 일에 부요하게 되기 원하십니다(고후 9:11). 하나님은 당신이 모든 사람에 대한 관대한 나눔을 하기 원하십니다(고후 9:13). 이 일들을 하기 위해 하나님은 당신의 부요를 원하시며 그분의 뜻을 뒷받침하는 풍성한 약속들을 주셨습니다.

그분께서 네게 재물을 얻을 능력을 주시어(신 8:18).

또한 여성들과 남성들을 위해 심고 거두는 원리를 세우신 분 역시 하나님이십니다.

1달러 지폐의 기적

저는 우리 부부가 어렸을 때 재정적으로 빈곤했던 시기를 기억합니다. 저는 코트 한 벌도 없었습니다. 당시 캘리포니아는 비가 내리는 가을 날씨였습니다. 우리는 복음을 전하러 가기 위해 버스를 타고 있었습니다.

우리는 대형 선교 언론의 긴급한 필요성에 대해 발표하는 컨퍼런스에 참가했습니다. 그 컨퍼런스가 마무리되기 전에 우리는 100달러를 빌려서 언론사를 사려는 주님의 사역에 씨앗으로 심었습니다.

얼마 지나지 않아 우리는 그 씨앗에서 풍성한 결과를 거두었습니다. 한 여성이 저에게 아름다운 새 코트를 한 벌 사주었습니다. 한 남성은 우리에게 차 한 대를 주었습니다. 우리가 기대하지 않았던 공급처들로부터 돈이 들어왔습니다. 하나님의 법칙은 절대 실패하지 않습니다.

그 이후 우리의 믿음이 시험을 받게 되었습니다. 우리는 차를

한 대 구입했고, 매월 할부로 지불할 계획이었습니다. 그러나 어떤 달에는 우리가 받았던 전부를 다른 사람에게 주게 되었습니다. 우리는 더 많은 영혼을 구원할 수 있는 기회를 발견할 때마다 씨앗을 심었습니다. 우리는 더 많이 심을수록 더 많은 수확을 얻는다고 믿었습니다. 우리의 필요가 컸기 때문에 우리는 관대하게 심었습니다.

우리의 자동차 할부의 납부일이 되었습니다. 우리는 14달러가 부족했습니다. 우리는 씨앗을 심었기 때문에 하나님의 풍성한 돌려주심을 믿었습니다. 우리는 하나님이 우리의 필요를 채워 주시기를 간절히 기도했습니다. 우리는 하나님이 물질적인 기적을 행해야 하실지라도 우리가 심은 씨앗은 반드시 더 증가된 결과를 낳는다는 것을 알았습니다. 우리는 하나님을 증거하고 있었습니다. 그분의 말씀처럼 그분을 시험했습니다(말 3:10).

그날 밤 우리는 작은 방의 문을 잠그고 잠자리에 들었습니다. 하나님 외에는 그 누구도 우리의 필요를 알지 못했습니다. 우리에게 일어난 일이 자연적인 영역에서는 우습고 놀랍게 들리겠지만, 이것은 사실입니다. 하나님은 우리의 삶에서 그분의 약속을 증명하시기 위해 물질적인 기적을 행하셨습니다.

잠에서 깨어보니 1달러 지폐가 마치 하늘에서 떨어진 것처럼 침대와 바닥 위, 탁자 뒤편, 의자 아래 등 방 전체에 흩어져 있었습니다. 우리는 이스라엘 백성들이 하늘에서 떨어진 만나를 모았던 것처럼(출 16:17-18), 혹은 제자들이 그리스도가 불리신 빵 조각들을 모았던 것처럼(요 6:12-13) 그 달러 지폐들을 모았습니다.

우리는 그 작은 방의 구석구석을 살펴보았습니다. 우리가 찾을 수 있는 모든 지폐들을 찾고 그것들을 세어보니 총 13장의 1달러 지폐가 있었습니다.

우리는 하나님이 기적을 행하셨음을 알았고, 우리가 찾지 못한 지폐 한 장이 더 있어야 한다고 믿었습니다. 마지막으로 오래된 아이스박스 하나를 들어올리자 14번째 1달러 지폐를 찾을 수 있었습니다. 그것은 우리가 납부일에 내야 하는 금액에 정확히 맞아떨어지는 금액이었습니다!

우리는 재정을 심었고 재정을 거두었습니다. 그리고 그 달이 끝나기 전에 우리가 거둔 양은 우리가 심은 양보다 훨씬 풍성해졌습니다.

거두기 위해 심기

엘리야가 기근 중에 사르밧에 사는 한 과부를 만났을 때,

그녀는 빈곤한 상태였습니다. 그녀는 마지막 식사를 준비하고 있었고, 그 후에 자신의 아들과 함께 죽을 계획이었습니다.

엘리야는 먼저 그녀에게 자신을 위해 빵 하나를 굽도록 지시했습니다! 그 지시는 잔인하고 무정해 보였습니다. 그러나 그 과부가 순종했을 때 그것은 마치 농부가 선택의 씨앗을 심는 일과 같았습니다. 그 마지막 빵은 그녀의 씨앗이 되었습니다. 그 빵은 그녀가 엘리야에게 준 양보다 훨씬 더 많은 수확을 거두게 했습니다. 그녀의 가루통도 고갈되지 아니하고 기름병도 비지 않았습니다(왕상 17:9-16).

여성들에게 하나님과의 동역의 가장 큰 장애물은 그들이 물려받은 전통입니다. 저는 그들이 이렇게 말하는 것을 들어왔습니다: 오, 저는 제가 주고 싶어서 줍니다. 저는 제가 준 것에 대한 결과를 기대하지 않습니다.

밭을 갖고 있는 한 과부가 이렇게 말했다고 가정해보겠습니다. 저는 씨앗을 심는 일을 좋아하기 때문에 매년 봄마다 이 밭에 심습니다. 그렇지만 저는 수확물을 기대하지는 않습니다. 그렇다면 그녀가 얼마나 오래 생계를 유지할 수 있겠습니까?

좋은 여성 농부는 좋은 수확을 기대합니다. 좋은 씨앗은 남성에게 그렇듯 여성에게도 항상 많은 수확을 거두게 합니다.

심는 것에 대한 세 가지 사실

  주님의 사역에 심을 첫 열매나 씨앗을 따로 떼어놓을 때마다 하나님과의 동역에 대한 세 가지 핵심적인 사실을 기억하십시오.

  첫 번째 사실: 여성 그리스도인으로서 당신의 기대가 오직 주님께 있도록 하십시오. 그분만이 당신의 공급이시며 유일한 근원이십니다! 하나님은 당신의 모든 필요를 공급하실 것입니다(빌 4:19). 그분은 모든 좋은 씨앗의 생명이십니다. 그분은 모든 부의 창조주이십니다. 그분은 당신의 풍성한 돌려받음이 흐르는 공급처이십니다. 씨앗을 심고 더욱 증가된 수확을 기대할 때 당신의 증가를 고용주의 임금인상 의향, 예금 금리 혹은 주식 배당금의 인상, 높아진 급여, 연금, 더 나은 직장 등으로 제한하지 마십시오.

  하나님이 당신의 공급의 근원이십니다. 그분은 위와 같은 통로들을 사용하실 수 있지만, 그 통로들에 제한을 받는 분이 아니십니다! 당신의 눈을 그분이 사용하실 통로가 아닌 그분께 고정하십시오. 하나님만이 당신의 기대의 근원이십니다.

  두 번째 사실: 주님의 사역에 씨앗을 심을 때 더 증가될 결과를 생각하고 심으십시오. 다시 말해, 객관적으로 심으십시오!

당신의 주는 일은 생산적이어야 합니다. 예수님은 말씀하셨습니다: 주는 것이 받는 것보다 복이 있다(행 20:35). 당신이 주는 일이 심은 양보다 적은 수확을 거두게 한다면, 향후 복음 전파 사역이 어떻게 재정적인 후원을 받겠습니까?(행 20:35)

당신이 하나님의 영혼구원 사역에 투자할 때마다 당신이 주는 것보다 더 많은 것을 거두도록 씨앗을 심습니다. 그래서 당신은 다음에 더 많이 심을 수 있고 주님의 사역을 위해 더 많이 거두게 됩니다.

이것이 그리스도인의 청지기 직분입니다! 이것이 바로 하나님과의 동역입니다!

심고 거두는 일에는 비전이 필요하며 믿음을 요구합니다. 행동과 믿음을 요구합니다. 이것이 바로 전통이 안 쓰고, 잃어버리며, 죽어가기 위한 더 쉬운 방법을 개발했던 이유입니다.

세 번째 사실: 하나님의 사역에 씨앗을 심을 때 더 많은 수확을 기대하십시오! 기적을 기대하십시오! 당신이 준 양보다 더 많은 양이 돌아오도록 기대하십시오! 하나님이 그분의 약속을 성취하실 것을 기대하십시오! 재정적인 수확을 기대하십시오! 당신이 준 것보다 더 많이 돌아오게 하는 신성한 개입을 기대하십시오. 하나님이 그분의 말씀을 여성 그리스도인인 당신에게도 좋은 말씀이 되게 하시기를 기대하십시오.

믿음이 없이는 하나님을 기쁘시게 할 수 없나니, 하나님께 나아가는 자는 그분이 보상하는 분이심을 마땅히 믿어야 하느니라(막 9:23, 히 11:6).

기대 없는 기적은 없습니다. 씨앗을 심었다면 성장을 기대하십시오. 하나님을 당신의 유일한 공급원으로 기대하십시오. 바울이 말했듯이 자라게 하시는 분은 하나님이십니다(고전 3:7, 새번역). 그분의 약속의 말씀에 대한 믿음으로 행동한다면 당신은 기적적인 수확을 기대할 수 있는 모든 권리를 가지게 됩니다. 씨앗을 심었다면 수확을 기대하십시오! 기대 없는 믿음은 죽은 믿음입니다!

그리스도는 우리에게 대사명을 주셨고, 그 대사명을 수행할 사람으로 당신과 저를 선택하셨습니다. 대사명을 성취하려면 엄청난 재정이 필요합니다.

이것이 바로 하나님이 인류를 축복하려는 그분의 계획에 참여하기로 선택한 건강한 자아를 지닌 여성들의 동역을 원하시는 이유입니다.

여성들, 그리고 하나님과의 동역

이것이 하나님이 매우 위대하고 귀한 약속들을 우리에게

주신(벧후 1:4, 새번역) 이유입니다.

이제 주를 찾는 자들은 모든 좋은 것에 부족함이 없으리라(시 34:10).

나의 하나님께서 너희의 모든 필요를 채워 주실 것이라(빌 4:19).

주께서는 그분의 풍성한 보물창고를 네게 여사(신 28:12).

주의 복은 부요하게 하며(잠 10:22).

주께서는 네 손으로 하는 모든 일에 네게 복을 명하실 것이며(신 28:8).

위의 약속들에 대한 조건은 그리스도가 여성인 당신을 율법의 저주로부터 구속하셨다는(갈 3:13) 복음의 메시지를 믿는 것(히 11:6) 입니다. 하나님은 당신의 모든 죄를 그리스도에게 지우시고 죄에 대한 값을 지불하셨습니다. 하나님은 그분의 의를 당신에게 주기 위해 그 일을 하셨습니다(고후 5:21).

하나님께서는 죄를 모르시는 분에게 우리 대신으로 죄를 씌우셨습니다. 그것은 우리가 그리스도 안에서 하나님의 의가 되게 하시려는 것입니다(고후 5:21, 새번역).

하나님은 당신을 위해 그 일을 하셨습니다. 당신이 그것을 믿고 받아들인 순간부터 예수 그리스도의 의는 당신의 소유가 됩니다. 그것이 하나님과의 동역의 비결입니다.

번영하는 능력

모든 여성이 풍성한 삶으로 거듭나는 것은 하나님의 뜻입니다. 믿음으로 예수 그리스도를 영접한 순간부터 당신은 하나님의 왕족의 딸이 되며 가족으로서 가지게 되는 모든 합법적이고 동등한 권리를 가지게 됩니다. 이 사실을 깨닫게 되면 당신의 가치는 새로워지고 당신은 하나님의 건강한 자아상을 지닌 여성이 됩니다.

하나님은 당신이 그분의 최고를 누리기 원하십니다!

부요의 약속들

하나님은 당신이 가진 돈이 얼마이든지 그분께 가져와서 그 돈으로 이제 그분을 증거하기를 원하십니다: 내가 하늘의 창문들을 열어 너희에게 복을 부어 주지 않나 보라. 그것을 받을 만한 충분한 장소가 없으리라(말 3:10).

주 하나님께서 말씀하시기를 … 가루통도 고갈되지 아니하고 기름병도 비지 아니하리라(왕상 17:14).

이는 땅과 거기에 충만한 것이 다 주의 것이기 때문이라(고전 10:26).

네가 너의 길을 번성하게 만들 것이고 네가 좋은 성공을 이루리라(수 1:8).

오직 너희는 먼저 하나님의 나라와 그분의 의를 구하라. 그리하면 이 모든 것을 너희에게 더해 주시리라(마 6:33).

주는 나의 목자시니 내가 부족한 것이 없으리로다(시 23:1).

정직하게 행하는 자들에게 좋은 것을 아끼지 아니하시리라(시 84:11).

주를 두려워하고 그의 계명들을 크게 기뻐하는 사람은 복이 있나니. 부와 재산이 그의 집에 있을 것이며(시 112:1, 3).

은도 내 것이요, 금도 내 것이라(학 2:8). 온 땅이 내 것임이라(출 19:5). 이는 숲의 모든 짐승이 내 것이요, 일천 산 위의 목축들도 내 것임이라(시 50:10). 오 하나님이여, 주의 자애하심이 어찌 그리 고귀하신지요! 그러므로 사람의 자손들이 주의 날개 그늘 아래 피난처를 두나이다. 그들이 넘치도록 만족하리니 … 이는 생명의 원천이 주와 함께 있으며(시 36:7-9).

오 주여, 주께서 하시는 일들이 얼마나 다양한지요! 땅이 주의 풍요로 가득 찼나이다 … 주께서 주의 손을 펴시니 그들이 좋은 것으로 채워지나이다(시 104:24, 28).

부지런히 나를 찾는 자들은 나를 만나리라. 부귀와 명예가 나와 함께 있으니, 정녕 지속되는 부와 의도 그러하니라. 이는 나를 사랑하는 자들로 재산을 상속받게 하여 내가 그들의 창고를 가득 채워주려는 것이라(잠 8:17-18, 21).

주는 영원 무궁토록 찬양을 받으소서 … 이는 하늘과 땅에 있는 모든 것이 주의 것이며 … 부와 존귀가 다 주께로부터 나오고(대상 29:10-12).

그의 길로 행하고 … 네가 하는 모든 일에서 네가 번영하리니, 네가 어떤 곳으로 돌이키든지 그러하리라(왕상 2:3).

날마다 우리에게 베푸심을 더하시는 주를 송축하리로다(시 68:19).

신실한 사람은 복을 많이 받을 것이나(잠 28:20)

이 언약의 말씀들을 지켜 행하라. 그리하면 너희가 행하는 모든 일에 너희가 번성하리라(신 29:9).

내가 온 것은 양들로 생명을 얻고 더 풍성히 얻게 하려 함이라(요 10:10).

하나님이 당신 주위에 창조하신 풍성함의 세계는 그분이 여성들과 남성들 모두 하나님과의 재정적 동역 안에 살기 원하신다는 증거입니다.

누구든지(여성도) 나와 복음을 위하여 집이나, 형제나, 자매나, 아버지나, 어머니나, 아내나, (남편이나), 자식이나, 토지를 버린 사람은 현세에서는 집이나, 사랑하는 자들이나, 토지를 일백 배로 받되 … 또 오는 세상에서는 영생을 얻으리라(막 10:29-30).

하나님과의 동역은 모든 사람을 향한 하나님의 뜻이므로 그들은 모든 피조물들에게 복음을 전하는 일에 자신의 재정의 일정 부분을 가져와 쓸 수 있습니다. 당신이 이 일을 할 때 당신은 해외에서 사역하는 선교사나 복음전파자와 같은 하나님의 동역자이자 파트너가 됩니다. 당신은 선교사의 상을 받을 뿐만 아니라 하나님이 기적적으로 당신의 재정을 후히 되어 꼭꼭 누르고 넘치게 하여(눅 6:38) 돌려주십니다. 이것은 그분의 약속입니다. 그분은 그 약속을 어기실 수 없습니다.

항상 기억하십시오. 하나님의 번영은 모든 남성뿐만 아니라 여성인 당신을 위한 것입니다. 그리고 이제 당신을 건강한 자아상을 지닌 여성이자 하나님의 왕족의 일원으로 여기십시오.

당신은 운명 지어졌고 하나님은 이미 당신의 미래를 계획하셨습니다. 하나님은 사람들을 향한 그분의 사랑의 계획을 성취하는 일에 당신의 협력을 필요로 하십니다. 그분은 당신을 믿으십니다. 그분은 당신을 번영하게 하고 축복하기를 원하십니다. 그러면 당신은 다른 사람들에게 축복이 될 수 있습니다. 이것이 당신의 손에 이 강력한 책이 전해진 이유입니다.

하나님의 축복이 당신과 풍성히 함께 하기를 바랍니다.

7장

내가 여성이라면

제가 여성이라면 저는 완전한 구원을 받아들이고 그분이 저를 인도하시고, 영감을 주시고, 부르신 개인 및 대중사역에서의 그리스도의 대사이자 동역자, 그분의 대사, 그분의 증인으로서 제 가치를 의심하고 부정하는 교리나 가르침, 문화적 전통을 절대 순순히 따르지 않을 것입니다.

오래된 성경 문화에 있는 사회적 계급이나 성차별이 오늘날에도 존재합니까? 오직 여성들에게만 그렇습니까? 여성들이 구원은 받았지만 여전히 동떨어져 있어야 합니까? 여성들이 회복되긴 했지만 그들을 외롭게 하신 그리스도에 대해 말할 만큼의 가치는 없습니까? 인류의 죄가 영원히 사라지고 여성들의 죄도 용서받았지만 그들은 여전히 죄에 붙잡혀 있어야 합니까?

하나님의 왕족의 딸은 종교적인 교리가 그녀를 복종, 굴복, 종속, 예속하도록 허용해서는 안 됩니다.

세상에서 성평등을 경험한 여성 그리스도인들이 교회 안에서는 차별에 굴복하는 것이 가능하겠습니까?

구원을 믿고 복음을 전하려고 하는 여성이 남성이나 시스템이 예수님이 그녀에게 명령하신 일을 수행하는 것을 금하도록 내버려두어야 합니까?

제가 여성이라면 제 사역에 대한 억압에 굴복하지 않을 것입니다. 어떤 사람이 제가 공개적으로 예수님에 대해 가르치거나 설교할 수 없다고 말한다면 저는 오히려 그분의 기름부음 받은 증인이자 임명받은 대사로서 그분께 순종할 수 있는 제 권리와 제 목소리에 대해 하나님께 감사를 드리겠습니다.

7장

내가 여성이라면

티 엘 오스본 목사(증보판)

첫 번째 파트

서문

여성들이 자신의 완전한 구원을 이해하고 하나님의 계획 안에서 평등함을 인식할 때, 그들은 도움을 필요로 하는 사람들을 위한 개인 및 대중사역에 참여하게 됩니다. 하나님의 구원 계획 안에서 자신의 존엄성과 운명을 발견하는 일은 기독교 사역에서 여성들을 너무나도 저지했던 성차별이라는 원시적인 편견에서 그들을 영원히 해방시킵니다.

여성에 대한 남성우월주의적 취급은 수 세기 동안 세계 여러 종교에 스며들었습니다. 중세 문화와 낡은 교리의 영향은 여전히 교회 안에서 여성들을 완고하게 억압합니다.

그러나 종교적인 여성의 종속 상태와 달리 그리스도의 복음은 속량사역이 성취되었을 때 여성들과 남성들 모두 어떤 죄도 범하지 않았던 것처럼 의로워지고 하나님께 회복되었다고 말합니다.

여성의 열등함과 자격 없음을 이유로 수 세기 동안 남성만이 사역할 자격이 있다는 교리가 지속된다면 이는 그리스도의 속량사역을 성별에 근거하여 축소시키는 것과 같습니다.

그리스도의 대속적 죽음, 장사 및 부활을 통한 인류의 속량은 모든 사람을 하나님께 회복되게 했습니다. 죄의 모든 영향력으로부터의 무죄선고에도 불구하고 여성들은 영원히 대중사역을 할 수 없고 순종적인 역할만 맡아야 한다고 주장하는 것은 남성들에게는 온전한 영향을 미치는 그리스도의 속량사역을 여성들에게는 제한하는 것과 같습니다.

그러므로 제가 여성이라면 더 이상 시대에 뒤떨어진 전통이 하나님의 왕족의 딸인 저를 아직도 죄가 있는 사람처럼 여기는 것을 허용하지 않고, 하나님이 제 심령에 주신 개인 및 대중 사역에서의 가장 위대한 성취와 업적의 가능성을 제한하지 않겠습니다.

내가 내 영을 모든 육체 위에 부으리라. 그러면 너희 아들들과 너희 딸들이 예언할 것이요 … 또 그 날들에는 내가 남종들과 여종들 위에도 내 영을 부어 주리라 … 누구든지 주의 이름을 부르는 자는 구해냄을 받으리니(욜 2:28-32).

제가 그리스도께 순종하고 그분이 영감을 주시거나 부르신 일로 그분의 증인이 되고자 하는 갈망을 지닌 여성이라면, 저는 요엘의 예언을 저를 위한 예언으로 받아들일 것입니다. 또한 그리스도의 말씀에 따라 행동하고 그분이 저를 통해 말씀하시고 사역하시도록 제 자신을 최대치로 내어드리겠습니다.

제가 여성이라면 남성 사역자들의 전통과 말에 의해 제 지위나 사역이 폄하되거나 평가절하되도록 내버려 두지 않을 것입니다.

두 번째 파트
여성들이 예언할 때

대부분의 기독교 기관들은 대중사역에서의 여성들에 관한 중요한 사안에 대해 완고하게 반대해왔습니다. 전통적 오순절 및 은사주의 교파는 대개 그들이 이 사안에 대해 어떤 문제도 없는 것처럼 행동합니다.

여성 그리스도인들이 주님으로부터 부르심이나 감동을 받은 사역을 하도록 장려하는 일은 중요합니다. 마지막 때의 딸들과 여종들에 대한 요엘의 예언에는 두 가지 측면이 있으며(행 2:14-18) 우리는 이전보다 이 예언에 대해 더욱 주목해야 합니다.

처음 성령이 부어질 때 여성들은 남성들과 함께 모여 있었고 (행 1:14, 2:1-4, 14-18) 베드로는 요엘의 예언을 인용했습니다. 너희 딸들이 예언할 것이요 … 또 여종들 위에도 … 그들이 예언하리라. 성경은 성령이 임한 이후의 여성들의 대중사역에 대해 두 번 강조했습니다.

전통적이고 오래된 역사를 가진 교회들은 일반적으로 이러한 성경 구절들을 무시하며 여성들과 여종들의 대중사역에 대한 권위와 지지를 계속해서 거부합니다.

은사주의 및 오순절 교파 단체들은 보통 그들이 여성들의 사역을 허락한다고 생각하지만, 여성들의 사역적 활동범위를 제한하는 불문율 곧 여성들에게 허가된 활동이나 여성들의 사역 지침이 여전히 존재합니다. 이러한 관습은 대부분 복종에 대한 가르침 때문이지만 예언이라는 단어의 널리 퍼진 제한적 해석 때문이기도 합니다.

유대인들과 기독교 성경언어 학자들 사이에서 가장 호평받는 참고자료 중 하나는 게르하르트 키텔G. Kittle이 편집하고 어드만스Eerdmans가 출판한 기념비적인 10권(10,000페이지 이상 분량)의 신약 신학 사전입니다.

예언의 의미

키텔 사전 6권은 예언의 의미를 설명하기 위해 80페이지 정도를 할애합니다.

783페이지에 나오는 이 단어의 첫 번째 언어적 의미는 말하기, 공개적으로 선포하기, 그리고 공개적으로 알리기입니다. 네 번째 각주는 대중이 모인 공간에서 큰 소리로, 공개적으로 (하나님의) 신탁을 선포하는 것이라고 말합니다. 여기서 신탁은 하나님이 지식을 계시하고 그분의 신성한 목적을 알리는 수단, 제사장을 통해 전달되는 계시 혹은 발언을 의미합니다. 그리고 이는 명백히 기독교의 가르침을 포함합니다(히 5:12, 벧전 4:11).

키텔 사전 6권은 848페이지에서 초기 기독교 예언을 은사주의 설교자들의 영감 넘치는 설교를 통해 알려지는 세상을 위한 하나님의 구원 계획과 그리스도인의 삶을 향한 그분의 뜻, (그리고) 하나님이 주신 권세로 말하고 권위 있는 가르침을 주며 신성한 신비들과 (그리고) 이방인들 (모든 사람들을) 위한 하나님의 구원, (또한) 나태하고 지친 자들을 훈계하고 (그리고) 공격받고 있는 자들을 격려하는 것이라고 정의합니다.

이 모든 단어에 대한 정의는 (그리고 80페이지 정도에 달하는 정의들이 있습니다.) 예언하는 딸들과 여종들의 사역이 교회와 세상 안에서, 개인 및 대중사역에서 제한이 없음을 분명하게 보여줍니다. 그들의 사역은 하나님의 아들들과 남종들의 사역과 다르지 않으며 더 제한적이지도 않습니다.

중세시대의 제한들

여성들의 대중사역을 저지하는 전통적인 제한들은 바울이 말한 두 구절에서 비롯됩니다(고전 14:34, 딤전 2:12). 바울이 여성들을 침묵시키려는 의도가 없었다는 증거는 고린도전서 11:5에서 분명히 드러납니다: 기도하거나 예언하는 모든 여성은 … 여성들이 침묵을 지키고 있었다면 그들은 기도하거나 예언할 수 없었을 것입니다.

하나님의 여성

티 엘 오스본

하나님의 여성, 그녀는 구원받았습니다.
하나님의 여성, 그녀는 새로운 존중을 받았습니다.
그녀는 살아났고, 일어납니다.
그녀는 선택권이 있고 목소리를 가지고 있습니다.
사명과 부르심을 가진 하나님의 여성,
우리 모두를 위한 비전을 가진 하나님의 여성,
그녀는 기름부음 받았습니다.
그녀는 증인입니다.
그녀는 임명되었습니다.
그녀는 재능을 가지고 있습니다.
그리스도가 그녀의 존엄성과 운명의 정체성입니다.
그리스도의 피로 그녀의 수치가 사라졌습니다.
이제 그녀는 예수님의 이름으로 행합니다.
성령의 능력이 그녀를 최대치로 쏘아 올립니다.
믿음과 소망과 능력을 가진 하나님의 여성.
이 시대의 생명과 사랑을 가진 하나님의 여성.

제 아내인 데이지 박사는 여성들은 교회에서 잠잠히 있으라는 바울의 말을 떠올릴 때마다 그가 모든 예언하는 여성들에게 조언했음을 기억합니다. 여성들에게 잠잠히 있으라고 한 그의 조언은 분명 지역적, 사회적 문제와 관련이 있습니다. 그 조언을 모든 여성들에게 보편적으로 적용하는 것은 많은 그리스도의 훈계와 초대교회 때 활발했던 여성 사역자들의 예시와 모순됩니다.

여성들이 성령의 기름부음과 인도 아래 개인 및 대중사역을 할 때 그들은 선지자들의 말, 하나님의 변함없는 계획, 예수 그리스도의 가르침, 그리고 그리스도의 증인이자 동역자이자 대사인 믿는 자들의 사역을 성취합니다. 예수님은 남성들과 여성들 모두가 땅끝까지 그분의 증인이 되도록 권능을 주셨습니다(행 1:8, 14).

그리고 우리는 그리스도의 이 신성한 승인이 자신의 문화와 종교에서는 어떤 법정에서도 법적인 증인이 될 수 없는 여성들에게 주어졌다는 것을 잊어서는 안 됩니다. 그러나 예수님께서는 그들에게 말씀하셨습니다: 너는 내 증인이 될 자격이 있다. 너는 내 왕국에 속한 자이다. 너는 땅끝까지 이르러 내 증인이 될 것이다.

제한 없는 예언

키텔 사전은 더 나아가 854페이지에서 이렇게 설명합니다: "예언"은 그리스도인들에게만 주어진 것이 아니다. 예언은 선교적 의의도 가지고 있다. (남성 및 여성 선지자들의 가르침은) 비그리스도인이 그들의 죄를 인지하고 하나님을 경배하도록 인도한다. 855페이지는 말합니다: 선지자는 특정 상황에서 어떤 행동을 해야 하는지 알려주는 공동체의 영적 조언자이다. 그의 가르침에는 훈계, 위로, 회개에 대한 요구가 담겨 있으며 (하나님의 약속을) 전달한다.

위의 설명들은 마지막 날에 예언하는 주님의 딸들과 여종들을 위한 제한 없는 사역을 말합니다. 하나님이 허락하신 여성의 사역범위는 현대 은사주의 교파에 의해 정해진 영역보다 훨씬 더 무한히 넓습니다.

이 책의 목적은 모든 여성 그리스도인들이 자신의 잠재적인 사역 분야에 대한 이해를 높이는 것입니다. 또한 같은 방식으로 하나님의 기름부음 받은, 건강한 자아상을 지닌 여성들의 위치를 격상시키는 것입니다.

세 번째 파트
성취될 것이라고 가정하는 예언 vs 행동하고 있는 예언

딸들과 여종들의 예언 사역에 대한 요엘의 예언에는 더욱 세심한 주의를 필요로 하는 두 번째 측면이 있습니다. 성경에 예언적으로 기록된 내용에 관해서는 널리 퍼진 잘못된 개념이 있습니다.

그것은 믿는 자들이 그 예언에 부합하는 행동을 하든지 안 하든지, 어떤 신성한 방식으로, 어떤 정해진 시간에, 예언이 실현될 것이라는 생각입니다.

그리스도인들이 흔히 갖고 있는 이 사고방식은 예언이 사람을 통해 그리고 사람에 의해 성취된다는 사실을 간과합니다.

전통적인 기독교 지도자들은 보통 예언의 성취를 가정하는 실수를 범합니다. 특히 그들이 관심이 별로 없거나 전혀 없는 여성들에 관한 사안들이 그렇습니다. 그들은 요엘의 예언을 종교적으로 인용합니다: 그 후에, 내가 내 영을 모든 육체 위에 부으리라. 그러면 너희 아들들과 너희 딸들이 예언할 것이요 (욜 2:28, 행 2:17).

신학자들은 이런 일이 언제, 어떻게 일어날 것이라고 예상합니까? 여성들의 대중사역 참여를 반대하는 자들은 이 예언이 어떤 방식으로 성취되게 할 수 있습니까? 그들이 실제로 딸들의 예언사역을 받아들이고 존중할 계획이 있습니까? 어떤 시점에 그렇게 할 계획입니까? 그들은 이 일이 어떻게 일어날 것이라고 예상합니까? 여성 천사들이 초자연적으로 그들의 강단에 나타나 회중에 대해 예언하겠습니까? 전통적인 지도자들이 이 일을 받아들이겠습니까? 요엘의 예언은 어떻게 성취되어야 합니까?

예언이 성취되는 방식

예언은 성취될 것이라고 가정할 수 없습니다.

예언은 하나님이 원하시는 일들에 대한 신성한 말씀입니다.

선지자들이 예언사역(설교, 하나님의 계획과 그분의 말씀을 공개적으로 선포하는 일)에서 여성들에 대해 예언한 내용은 오직 여성들이 하나님의 계획 안에서 자신을 바라보고, 예수님이 회당에서 하신 대로 행동하고, 그들이 알고 있는 예언적 말씀을 대중사역에 적용하고, 주장하고, 선포하고, 행동할 때 성취될 것입니다. 예언은 반드시 그것을 믿는 자들에 의해 행해져야 합니다.

그래서 데이지 박사는 전 세계의 대중사역에 적극적으로 임합니다. 그녀는 주도권을 갖고 그녀의 영향력을 사용하여 그리스도 안에 있는 모든 여성이 하나님의 왕족의 구원받은 딸들로서 자신의 평등함, 존엄성, 운명을 발견하도록 격려하고 도전의식을 북돋는 일로 국제적으로 유명합니다.

데이지 박사는 하나님의 딸들과 여종들에 대한 예언이 여성들을 향한 그분의 신성한 뜻과 운명을 나타낸다고 믿습니다. 그러나 오직 여성들이 이 사실을 알고, 믿음으로 나아가고, 하나님의 뜻을 자신의 삶 안에 받아들이고, 그분의 말씀에 따라 행동할 때만 이 예언이 성취될 것입니다.

예수님은 누가복음 24장 44절에서 말씀하셨습니다: 이런 것이 내가 너희와 함께 있을 때 말했던 바 모세의 율법과 선지서들과 시편에 나에 관하여 기록된 모든 것이 이루어져야 한다던 그 말이니라. 예수님은 자신에 관한 말씀을 알고 계셨습니다. 그분은 그 말씀을 받아들이고 말씀을 따라 행하셨습니다. 이것이 예언이 성취된 방식입니다. 이것이 여성인 당신과 관련된 예언들이 성취되는 유일한 방식입니다.

데이지 박사와 저는 여성인 당신이 예수님처럼 행하기를 격려하고 도전하고 싶습니다. 당신에 대한 성경 말씀들을 공부하십시오. 그 말씀을 받아들이고 말씀에 따라 살기로 헌신하십시오. 그런 방식으로 말씀들이 당신 안에서 성취될 것입니다.

모세와 시편 기자와 선지자들이 쓴 구약은 모두 오실 그리스도에 대해 예언했습니다. 그러나 그 예언들은 예수님이 말씀에서 자신을 발견하시고 그 말씀들이 성취되도록 스스로를 내어드릴 때까지 성취되지 않았습니다. 그분의 대중사역이 시작될 시기에 예수님은 회당에 가셔서 그분과 그분의 사역에 대한 예언이 기록되어 있는 이사야 61장을 읽으셨습니다. (누가복음 4장 18절을 읽어보십시오.)

예수님은 사역 내내 예언을 성취하기 위해 행하셨습니다. 마태는 예수님이 말씀을 어떻게 성취하셨는지 열여섯 번 기록했습니다. 그리고 예수님이 예언을 성취하기 위해 삶을 바치셨을 뿐만 아니라 공개적으로 행동하셨기 때문에 종교인들에게 박해와 비난을 받고 종국에는 죽임을 당하셨음을 기억하십시오. 그분은 "오 하나님이여, 보소서, (두루마리 책에 나에 관하여 기록한 것과 같이) 주의 뜻을 행하려고 내가 왔나이다."라고 말씀하셨습니다(히 10:7, 요 6:38).

하나님의 뜻이나 계획은 거룩한 선지자들에 의해 전달되었습니다. 예수님은 그 뜻을 읽으셨고, 믿으셨고, 그분의 삶을 바쳐 행하셨습니다. 따라서 그 뜻은 성취되었습니다.

이것이 바울이 유대인들과 마찬가지로 이방인들을 위해서도 준비된 구원을 발견한 방식입니다. 그는 구원이 성경에 예언되었음을 발견했고 결국 그의 목숨을 가져간 종교적 반대에도 불구하고 그 구원을 주장하기 위해 자신을 바쳤습니다. (유대인이든 이방인이든) 모두의 구원에 관한 예언은 바울이 발견했고, 선포했고, 공개적으로 행동했기 때문에 성취될 수 있었습니다.

네 번째 파트
예언을 성취하는 여성들

마지막 때의 여성들의 대중사역에 관한 요엘과 다른 선지자들의 예언은 저절로 이루어지지 않을 것입니다. 그 예언들은 믿는 여성들이 어떠한 종교적 저항, 반대, 박해가 있든지 (이방인들이 그랬던 것처럼) 하나님의 속량사역의 평등한 진리를 발견하고, 그들을 위한 예언들을 받아들이고, 삶을 다해 그 말씀을 공개적으로 선포하고 살아낼 때만 성취될 것입니다.

행동으로 구별되는 여성들

그것이 초대교회 여성들이 한 일입니다. 그들은 행동했습니다.
그것이 믿는 여성들이 수 세기에 걸친 교회 역사 가운데 행한 일입니다. 그러나 여성들의 용기, 놀라운 사역, 업적에 대한 기록은 얼마 남지 못했습니다.

그것이 구세군Salvation Army의 공동 창립자인 에반젤린 부스Evangeline C. Booth가 그녀의 전 세계적인 사역에서의 용감하고 멋진 리더십에 대한 모든 냉소적이고 모욕적인 행동에 대항하여 행한 일입니다.

그것이 마리아 우드워스 에터가 그녀의 전국적 대규모 대중 치유 및 기적 집회를 반대하는 남성 신학자들과 사업가들의 위협적인 협박을 만들어낸 종교적, 문화적 반대에도 불구하고 행한 일입니다.

그것이 에이미 맥펄슨이 행한 일입니다. 그녀는 종교 권위자들의 대대적인 반대에도 불구하고 수백만 명의 영혼들을 그리스도께로 인도했습니다.

데이지 박사의 헌신

그것이 제 아내이자 동역자인 데이지 박사가 70여 나라에서 수백만 명의 사람들을 대상으로 한 사역에서 행한 일입니다. 그녀는 글을 읽을 수 있습니다. 그녀는 생각할 수 있습니다. 그녀는 거대한 서재를 가지고 있습니다. 그녀는 스스로 공부해 왔습니다. 그녀는 성경을 통해 마지막 때에 하나님께서 그분 자신을 그분의 딸들과 여종들에게 나타내심을 발견했습니다.

지금은 마지막 때입니다. 데이지 박사는 여성입니다. 오래전, 그녀는 그 예언들이 자신의 것이라고 여기기 시작했습니다. 그녀는 히브리서 10장 7절을 자신을 위한 성경 구절로 인용합니다: 오 하나님이여, 보소서, (두루마리 책에 나, 데이지 마리 워쉬번 오스본에 관하여 기록한 것과 같이) 주의 뜻을 행하려고 내가 왔나이다(히 10:7). 이러한 예언들은 데이지를 통해 성취되고 있으므로 그녀의 세대에서 성취되고 있습니다. 그녀는 이 말씀들을 통해 자신을 바라보며 그에 따라 행하고 있습니다.

이것이 이 책의 본질입니다. 성경에 계시된 하나님의 속량 계획에서 자신을 발견하는 오늘날 그리스도의 몸에 속한 모든 여성들이 (그녀가 선택한다면) 무가치하고 굴종하는 평범함에서 벗어나 건강한 자아상을 지닌 그분의 신성한 왕족의 딸들이 됩니다.

앞서 말했듯이, 제가 여성이라면 남성 사역자들의 전통과 말에 의해 제 지위나 사역이 폄하되거나 평가절하되도록 내버려 두지 않을 것입니다. 저는 예수님처럼 저와 관련된 말씀을 받아들이고 사람들 가운데 하나님의 뜻을 행하는 데 제 삶을 바칠 것입니다.

다섯 번째 파트

여성들의 건강한 자아상 형성

그리하여 하나님께서 자신의 형상대로 사람을 창조하시니 … 그들을 남자와 여자로 창조하시니라(창 1:27).

인류 역사가 시작한 이래로 하나님은 남성과 여성이 나란히 서서, 서로 나누고, 함께 일하고, 살고, 사랑하고, 즐기기를 원하셨습니다. 그분은 동반자 관계, 팀워크, 친밀감, 동지애, 파트너십을 바라셨습니다. 하나님은 결코 여성을 인류의 노예나 종으로 창조하지 않으셨습니다.

결혼은 한 여성과 남성이 사랑과 상호존중 안에서 삶을 나누는 행복한 상태입니다. 그것이 하나님의 독창적이고 아름다운 꿈이었습니다.

아담과 하와는 서로 존중했습니다. 그들은 한 몸이었고 한 존재였습니다. 그러나 그들은 하나님께 불순종했고, 죄를 지은 후에는 하나님의 임재 안에서 살 수 없었기 때문에 결과적으로 에덴동산에서 쫓겨났습니다. 그들은 자신들이 순종하기로 선택한 사탄의 노예가 되었습니다. 그리고 문제들이 시작되었습니다.

문제

정욕이 사랑을 대체하기 시작했습니다. 탐욕과 악이 선을 대체했습니다. 남성은 타락한 본성과 더 큰 체격으로 자신의 목적을 위해 여성을 자신의 지배 하에 두었습니다. 그는 그녀를 자신의 몸처럼 사랑하는 대신 금전적 이익과 육체적 쾌락을 위해 다뤘습니다.

그 결과 쇠퇴와 죽음이 발생하게 되었습니다: 죄의 삯은 사망이요(롬 6:23). 한 사람에 의하여 죄가 세상으로 들어오고 그 죄에 의하여 사망이 왔으니, 그리하여 모든 사람이 죄를 지었으므로 사망이 모든 사람에게 전달되었느니라(롬 5:12).

신학에서는 처음 선악과를 먹은 사람이 하와라는 점 때문에 여성들을 인류 타락의 원인으로 비난합니다. 그러나 하와가 그런 행동을 하기 전에 동산을 관리하고 지킬(창 2:15, 히브리어: 울타리를 두르다, 지키다, 보호하다) 책임은 아담에게 있었기 때문에 그가 사탄이 동산에 들어가도록 내버려 둠으로써 하나님께 불순종했다고 주장할 수 있습니다. 아담은 에덴 동산에 대한 통치권을 받았지만 그의 권리를 행사하는 일을 소홀히 했습니다. 그리고 사탄은 그 동산에 들어갔습니다.

사탄의 계략으로 인해 여자가 보니 그 나무가 먹음직하고 …

그녀가 거기에서 그 열매를 따서 먹고 그녀와 함께한 자기 남편에게도 주니 그가 먹더라. 그러자 그들의 눈이 다 열려(창 3:6-7) 그녀와 함께 있었던 아담도 열매를 먹었습니다. 따라서 아담은 동산을 지키는 일에 소홀히 했을 뿐만 아니라 하와와 함께 금지된 열매를 먹었습니다.

아담이 동일한 죄를 저질렀음에도 하와를 원인으로 간주하고 원죄에 대한 책임을 여성에게 돌리는 생각들은 잘못된 것입니다. 그리고 우리의 죄로부터의 구원에 대한 칭찬을 받을 또 다른 여성, 마리아를 기억해야 합니다. 마리아의 순종을 통해 세상의 구원자가 태어났습니다(마 1:1-2, 눅 1:28-38). 그러므로 인류의 타락에 대해 여성인 하와를 비난한다면, 인류의 구원에 대해 여성인 마리아를 칭송해야 합니다.

제가 여성이라면 저는 더 이상 여성의 불순종을 이유로 제 자신을 비하하지 않을 것입니다. 오히려 저는 제 자신을 여성의 순종으로 인해 구원받은 자로 여길 것입니다.

회복

하나님, 감사합니다. 구원은 여성과 남성 모두에게 주어졌습니다(벧전 2:24). 여성과 남성 모두 그리스도의 죽음과 희생을 통해 하나님께 의로워졌고 회복되었습니다. 그분은 여성과 남성 모두의 죄에 대한 심판을 감당하셨습니다(롬 5:6, 고후 5:21).

남성과 마찬가지로 여성도 사회적, 인종적, 성적 차별 없이 그분의 생명을 나누고, 그분의 일을 하고, 그분의 손과 발이 되도록 하나님께 회복되었습니다. 예수님은 십자가에서 여성의 종속을 영원히 폐하셨습니다(엡 2:15-19). 그러나 여성들은 여전히 열등하다는 낙인을 찍고 살아갑니다. 신학자들이 그리스도의 속량이 남성들을 회복시킨 것처럼 여성들도 그들의 원래 위치인 하나님께로 회복되었다는 사실을 강조하지 않았기 때문입니다.

예수님은 2000년 전에 모든 여성 및 남성 그리스도인들을 해방시키셨습니다. 그러나 구식의 교회 전통은 여전히 인류 타락에 대한 책임을 여성에게 돌리고 있으며, 그들이 설교하거나 가르치는 것을 금지합니다. 이 제한은 바울이 한 말에 근거합니다(고전 14:34, 딤전 2:11-12). 그러나 그 성경 구절들은 초대교회 사람들이 그랬듯이 지금 성도들에게 그들의 소유를 팔라고 하는 말처럼 오늘날에는 적용할 수 없습니다(행 4:34-35, 5:1).

인류가 구원받았으므로 바울은 이렇게 말했습니다: 유대인이나 헬라인도 없고, 종이나 자유인도 없으며, 남자와 여자도 없으니, 이는 너희 모두가 그리스도 예수 안에서 하나이기 때문이라(갈 3:28).

제가 여성이라면 저는 완전한 구원을 받아들이고 그분이 저를 부르신 개인 및 대중사역에서의 그리스도의 대사이자 동역자, 그분의 대사, 그분의 증인으로서 제 가치를 의심하고 깎아내리는 교리나 가르침, 문화적 전통을 절대 순순히 따르지 않을 것입니다.

여섯 번째 파트
여성 선두주자

여성 그리스도인이 당신에게 막달라 마리아가 제자들을 찾아 그녀가 주님을 봤다는 사실을 말하도록 그리스도로부터 명령을 받았다는 사실이 중요합니까? 그녀가 그들에게 그리스도의 메시지를 전달했다는 사실이 중요합니까?(요 20:17-18)

그리스도가 부활하셨을 때 막달라 마리아가 그곳에 있었다는 사실이 여성 그리스도인들에게 힘을 북돋아주어야 합니다. 그분은 자신을 따르는 자들에게 부활하실 것이라고 말씀하셨지만, 그들은 거기 없었습니다. 마리아는 무덤에 갔습니다. 그 결과 마리아는 부활하신 주님을 만났고 그분의 부활을 알리는 첫 번째 메신저로 선택되었습니다.

그리고 기억하십시오. 부활은 기독교의 심장박동입니다. 만일 그리스도께서 일으켜지지 못하셨다면, 너희의 믿음도 헛되고 너희가 여전히 너희 죄들 가운데 있는 것이라(고전 15:17). 모든 사람의 구원은 하나님께서 예수님을 죽은 자들로부터 살리셨다는 것을 믿고 고백하는 것과 직결됩니다(롬 10:9).

예수님은 마리아에게 말씀하셨습니다: 내 형제들에게 가서 내가 나의 아버지, 곧 너희 아버지, 또 나의 하나님, 곧 너희 하나님께로 올라간다고 말하라(요 20:17). 그분은 제자들에게 하나님의 속량사역에 대한 가장 중요한 메시지를 선포하기 위해 여성을 보내셨습니다.

제가 여성이라면 영혼을 구원하고, 그리스도를 증거하고, 그분의 메시지를 선포하는 사역이 남성만이 아닌 여성을 위한 것임을 이해할 것입니다.

일곱 번째 파트

성령충만한 여성

초대교회의 남성 및 여성 그리스도인들에게 성령의 능력이 임했습니다. 그리스도는 그분을 따르는 자들에게 말씀하셨습니다: 성령께서 너희에게 임하시면 너희가 능력을 받으리니 … 땅끝까지 이르러 내게 증인이 되리라(행 1:8). 그 약속에 여성 그리스도인들도 포함이 되었습니까?

예수님은 여성들이 법정에 들어갈 수도, 증인으로 인정받을 수도 없는 유대교 문화 안에서 증인이라는 단어를 사용하셨습니다. 그러나 여성들을 구원하고 하나님께로 회복시킨 예수님은 여성들에게 이 땅 어디에서나 영원히 그분의 증인이 될 자격을 주셨습니다.

여성들이 그리스도의 부활의 증인이 될 수 없었다면 왜 그들이 성경에 기록되어 있겠습니까? 이들 모두가 여인들과 더불어 하나가 되어 기도와 간구에 전념하였습니다(행 1:14).

오순절날 여성들도 그곳에 있었습니다. 그들은 남성들과 동일하게 성령을 받았습니다.

유대교 아래 억압된 여성의 상태를 고려하면 성령님께서 다음과 같이 명시하신 것은 우연이 아닙니다. 여성들이 … 그리고 그들 모두 성령으로 충만하여 그래서 그들은 모두 전 세계에 그분의 복음을 나누는 그리스도의 증인이 될 수 있었습니다.

왜 여성들에게 성령이 임했습니까? 예수님은 내 증인이 되기 위해서(행 1:8)라고 말씀하셨습니다. 그분이 사용하신 증인이라는 단어는 설교하고, 가르치고, 알려주고, 말하고, 예언하고, 입증하고, 기적을 행하고, 간증이나 증언의 형태로 부활을 증거한다는 의미로 사용됩니다.

성령으로 충만한 남성들이 나가서 권능으로 복음을 전파했습니까? 동일한 성령으로 충만한 여성들은 집에 머물면서 침묵했습니까?

제가 여성이라면 저는 제 삶에 임한 성령의 능력이 개인 및 대중사역에서 저를 인도하고, 영감을 주고, 불러서 그리스도를 위한 효과적인 증인으로 만들기 위함이라는 결론을 내릴 것입니다.

그렇다고 제가 복음전파를 위해 가정과 남편 혹은 자녀들을 내버려 두고 해외로 나가겠다는 뜻은 아닙니다. (그러나 수 세기 동안 남성들과 아버지들은 어떠한 망설임, 혹은 소홀함이나 방치에 대한 생각없이 그런 일들을 해왔습니다.)

제가 여성이라면 저는 남성들이 가질 동일한 확신과 권세를 가지고 (이와 관련된 어떤 가정의 문제나 도전 혹은 책임을 배우자와 공정하게 해결하며) 제 삶에 대한 하나님의 영감, 인도, 부르심에 반응하겠습니다.

제가 여성이라면 저는 그리스도의 대사이자 증인으로서 제 삶을 향한 하나님의 부르심과 성령님의 기름부음을 억제하거나, 억압하거나, 금지하는 교회 중심주의, 신조, 교리를 결코 허용하지 않을 것입니다.

여덟 번째 파트

명령을 받은 여성들

예수님은 명령하셨습니다: 너희는 온 세상에 가서 모든 피조물에게 복음을 전파하라(막 16:15). 이 명령이 모든 인종, 피부색, 성별의 그리스도인들에게 해당됩니까?

그분은 말씀하셨습니다: 믿는 자들에게는 이러한 표적들이 따르리니(막 16:17). 이 구절이 그분의 남성 제자들과 마찬가지로 여성 제자들을 포함합니까?

예수님은 말씀하셨습니다: 나를 믿는 자는 내가 하는 일들을 할 것이요 또 이보다 더 큰 일들을 할 것이라(요 14:12). 이 구절은 남성 그리스도인들과 마찬가지로 여성 그리스도인들을 포함합니까?

구원받기 전의 여성들의 종속된 상태를 이해한다면 왜 성경에서 성령님이 임하셨을 때 남성들과 여성들이 함께 있었다고 명시했는지 알 수 있습니다.

이 경험은 사람들을 열광시켰습니다. 여러 나라에서 온 사람들이 이 기이한 일을 보기 위해 예루살렘으로 모여들었습니다. 그들은 여성들이 이 일 가운데 있다는 사실에 놀라워하고 충격받았습니다.

예언이 성취되다

베드로는 이것이 중요한 예언의 성취라고 말했습니다. 그는 말했습니다: 너희가 짐작하는 것 같이 이 사람들이 취한 것이 아니니라. 이것은 선지자 요엘로 말씀하신 바이니 하나님께서 말씀하시기를 마지막 날들에 내가 내 영을 모든 육체 위에 부으리라. 그러면 너희 아들들과 딸들이 예언할 것이요(행 2:15-17).

베드로는 계속해서 요엘의 예언을 인용했습니다: 또 그 날들에는 내가 내 남종들과 여종들 위에도 내 영을 부어주리니, 그들이 예언하리라(행 2:18).

베드로의 설명은 다음과 같습니다: 유대인들의 전통은 여성들을 차별해왔다. 너희들은 여성들이 남성들과 동일한 능력을 받았다는 사실에 놀라워한다. 너희의 선지자 요엘은 이 일이 일어날 것이라고 말했다. 그는 하나님이 그분의 영을 모든 육체에 부으실 것이라고 예언했다. 곧 그분의 아들들과 딸들, 그분의 남종들과 여종들이 능력을 받고 예언할 것이라는 것이다.

새로운 날이 시작되었습니다. 여성들은 남성들과 마찬가지로 하나님께 회복되었으며, 권세를 받은 그리스도의 증인이자 기름부음 받은 복음전파자로서 자신을 평등한 존재로 인식했습니다.

믿는 사람들이 더 많이 주께 더해졌고, 남자들과 여자들의 수가 허다하더라(행 5:14).

그때에 예루살렘에 있는 교회에 큰 박해가 가해졌으니 … 그러므로 널리 흩어진 사람들이 가는 곳마다 말씀을 전하더라(행 8:4).

남성들과 여성들 모두 말씀을 전파하는 일에 힘썼습니다. 그러나 사울(그리스도를 전파하는 자들을 굉장히 박해하던 자)은 교회를 파괴하고 집집마다 들어가서 남자들과 여자들을 끌어내어 감옥에 넘겨주더라(행 8:3). 여성들이 그리스도의 메시지를 전파하지 않았다면 사울이 여성들을 체포했겠습니까?

제가 여성이라면 저는 그리스도께서 기름 부어 주시고 영감을 주시는 모든 사역을 수행하며 궁핍한 사람들에게 그분의 복음을 전파하기로 결심할 것입니다.

아홉 번째 파트
평등에 관한 문제

초대교회의 그리스도인들은 그리스도의 속량사역이 그들을 인종적, 성적 차별로부터 일으켜 주셨음을 깨닫게 되었지만, 새로 거듭난 그리스도인들이 그들의 공동체를 만들기 시작하자 연약하고 고통스러운 문제들이 드러나기 시작했습니다.

초대교회의 그리스도인들의 새로운 자유와 평등은 좌석배치 뿐만 아니라 유대인 계급과 남녀구분에 여전히 영향을 받고 있는 그들의 새로운 모임 장소에서의 절차들에 의해 시험을 받았습니다.

유대인 성전에는 6개의 구별된 뜰이 있었습니다. 1) 외부에 위치한 이방인 혹은 외국인들의 뜰 2) 사형선고 없이는 이방인들이 들어갈 수 없는 신성한 장소 3) 여성들의 뜰 4) 남성 유대인들만 들어갈 수 있는 이스라엘의 뜰 5) 제사장들의 뜰 6) 하나님의 집

성차별의 종말

구원 안에서 모든 분리는 사라졌습니다. 모든 믿는 자들은 인종, 성별, 혹은 어떠한 구별과 관계없이 하나님 앞의 평등한 위치에 설 수 있게 되었고 그분의 신성한 임재 안으로 들어오게 되었습니다. 유대인과 이방인 사이, 남성들과 여성들 사이, 제사장들과 평신도들 사이에 있던 모든 분리가 없어졌습니다.

그러나 유대인 남성들은 이 여성들에 대한 새로운 평등함을 받아들이기 쉽지 않았습니다. 그들은 예수님이 구원자라고 믿었지만, 많은 전통들을 고수하고 사람의 계명을 교리로 삼아 가르쳤습니다(막 7:7-8, 딛 1:14).

어떤 사람들은 특정한 고기를 먹지 않았습니다(행 10:14, 행 11:8-9, 행 15:29, 고전 8:4-7, 딤전 4:3-4). 어떤 사람들은 할례를 행했습니다. 교회 안에서의 여성들에 관한 사안은 그들이 받아들이기에는 매우 어려운, 새로운 상황이었습니다.

끊임없는 갈등

여성들만의 제한된 뜰은 항상 존재해왔습니다. 중요한 장소들을 차지하는 사람들은 항상 남성들이었습니다. 남성들만이 영적 예배를 주관하고, 집회를 열고, 현안과 사업과 지역사회 문제에 대해 의견을 나누고, 의식을 주관하도록 허용되었습니다. (여전히 많은 국가에서 여성들은 공중 예배에 남성들처럼 참여할 수 없습니다.)

이 새로운 기독교 공동체에서 그리스도를 믿게 된 남성 유대인들은 여성에 대한 자신들의 우월함을 마지못해 내려놓았습니다. 그들이 가지고 있던 남성의 우월함이라는 전통적인 개념 때문에 남성 유대인들은 여성들이 성전 안까지 들어오는 것을 받아들이기 힘들어했습니다. 그러나 여성들이 공개적으로 발언하거나 가르치는 일까지는 허용되지 않았습니다. 그들은 남성의 우월함이 수모가 되어서는 안 된다며 합리화했습니다.

이방인 여성들은 실제 성전 밖에 있는 이방인들의 뜰에서도 성전에 가깝게 갈 수 없었습니다. 유대인 여성들은 항상 여성들의 뜰 내에 있도록 제한을 받았습니다. 그러나 이제는 유대인 여성들과 이방인 여성들도 성전 안에서 보고, 듣고, 예배에 참석하는 일까지 할 수 있습니다. 많은 유대인 남성들은 이를 참기 어려웠고 심지어 신성모독처럼 느끼기도 했습니다.

그러나 여성들에게 그리스도 안에 있는 이 새로운 지위는 아주 흥미로웠습니다. 많은 여성들이 그것에 대해 대놓고 말하거나, 활기가 넘치거나, 혹은 그저 호기심만 가지기도 했습니다. 새로운 공동체의 남녀평등은 그리스도의 속량에 대한 영적 이해를 고통스러운 논쟁과 영적 자아성찰에 관한 대화로 촉진하는 지점까지 이르게 했습니다.

그러나 현대 사회는 그런 오래된 망설임을 뛰어넘어 발전해 오지 않았습니까?

열 번째 파트

새로운 세대

현대 사회의 교회가 그리스도인들에게 성경시대의 전통을 따라 여행자들의 발을 씻어주라고 말합니까? 교회 전통을 수호

하려는 사람들은 하나님께서 말씀하신 대로 얼굴에 땀을 흘려서 (창 3:19) 생계를 유지합니까, 아니면 에어컨 바람을 쐬는 것을 좋아합니까?

오늘날의 수준 높고, 교육을 받은 여성 그리스도인들이 계속해서 사역의 종속적인 역할을 순순히 따르고 전 세계에 하나님의 메시지를 전하는 일에 침묵할 수 있겠습니까? 어떤 현대 여성들이 과거 수 세기의 관습을 따르도록 강요하는 낡은 종교 교리에 의한 전통에 복종하겠습니까?

침묵의 값

그리스도의 명령은 모든 피조물들에게 복음을 전하는 것입니다. 여성들은 그리스도의 몸의 (더 많을 수도 있지만) 2/3를 차지합니다. 만일 그리스도의 부르심에 순종하기를 갈망하고 구비된 여성들이 그리스도의 증인과 그분의 복음의 전파자로 활발하게 살게 된다면 더 많은 사람들이 복음을 듣게 될 것입니다.

왜 전통적인 교회는 예전 문화의 영향을 받던 여성들에 관한 두세 가지 구절에 근거하여(고전 14:34, 딤전 2:11-12) 여성 그리스도인들을 분리시키고 그리스도에 관한 대중사역을 못하도록 하는 교리를 주장합니까?

저명한 학자들은 이 구절들을 모든 시대의 여성들에게 적용하는 것은 구속에 대한 바울의 계시와 모순된다는 점에 동의합니다.

영향력 있던 교부 테르툴리아누스는 거만하게 말했습니다. 어떤 여성도 교회 안에서 발언하거나, 가르치거나, 침례를 주거나, 남성의 역할을 수행하거나, 사제의 직분을 맡을 수 없습니다.

그러나 베드로는 이렇게 말했습니다: 너희(남성들과 마찬가지로 여성들도 의미함)는 왕 같은 제사장이며(벧전 2:9). 그리고 요한도 말합니다: 하나님 그의 아버지를 위하여 우리(여성들과 남성들)를 왕들과 제사장들로 삼으신(계 1:6, 5:10).

교회에서 가르치는 자들은 여성에 대한 차별을 계속해서 주장하고 그들의 공적 사역을 제한해야 합니까?

모든 남성 및 여성 그리스도인들이 어떤 성별의 제한없이 가능한 모든 방법으로, 모든 피조물에게 복음을 전하는 증인, 간증자, 입증자, 선포자가 되는 것이 교회에 더 중요한 일이 아닙니까?

오늘날 교회에서 여성 그리스도인들의 사역에 대한 차별의 관습, 곧 현대 사회에 적합하지 않은 관습이 유지되는 것은 유해해 보입니다.

수백만 명의 회교도 여성들은 그들의 종교 문화에 따라 여성들 간에만 말을 걸 수 있습니다.

제가 여성이라면 저는 모든 구원받은 여성들은 땅끝까지(행 1:8), 어디서든, 누구에게든, 개인 혹은 대중사역이든 상관없이 그분의 증인, 동역자, 메신저가 될 그리스도의 권세를 가지고 있다는 복음을 받아들일 것입니다.

승리하는 여성

진보적인 사회에서는 여성들과 남성들이 동등한 교육을 받습니다. 여성들은 남성들만큼 경영, 과학, 의료, 교육, 정치 분야에서 많은 성취를 이루고 전문적인 위치를 차지합니다. 많은 국가에서 여성들이 국정을 운영하고 있습니다. 이 땅의 큰 사업체들은 여성들에 의해 시작되고, 운영되거나 관리되고 있습니다.

여성들은 소유품처럼 사고 팔리고, 예배 장소에 들어갈 수 없고, 대부분 교육을 받지 못했음에도 불구하고, 성경 전체에서 그들은 하나님의 사역에 굉장한 참여도를 보였습니다. 많은 여성들은 역사상 내로라하는 영웅들 사이에서도 그들의 존재를 인정받았습니다.

여성들의 담대함과 용기에 대해 놀란 남성 서기관들의 편견이 있는 조사에도 불구하고 여성 그리스도인들이 정복한 일들은 수많은 성경적, 역사적 기록에 나타나 있습니다. 남성 우월주의자인 서기관들이 후세를 위해 기록하지 않았기 때문에 기록되지 않고 전해지지 않은 성경시대의 여성들의 승리를 상상해 보십시오.

격려

성경과 교회 역사에는 그리스도의 속량사역을 믿는 모든 현대 여성들을 동기부여하고 격려하기에 충분한 기록들이 담겨 있습니다.

그리스도가 십자가에 달리셨던 곳에 있었던 마지막 사람은 여성이었습니다(막 15:47).

예수님의 무덤에 간 첫 번째 사람은 여성이었습니다(요 20:1).

우리 주님의 부활의 메시지를 선포한 첫 번째 사람은 여성이었습니다(마 28:8).

유대인들에게 복음을 나눈 첫 번째 사람은 여성이었습니다(눅 2:37-38).

그리스도의 부활 이후 기록된 첫 번째 기도 집회에 모인 사람들 중에 여성들이 있었습니다(행 1:14).

그리스도의 증인으로서 성령의 권능을 가장 먼저 받은 사람은 여성이었습니다(행 2:4, 1:8).

유럽 선교사였던 사울과 실라를 만난 첫 번째 사람들은 여성들이었습니다(행 16:13).

유럽에서 처음으로 그리스도를 믿은 사람은 여성이었습니다(행 16:14).

열한 번째 파트
제한 혹은 자유

오늘날 기독교 사역에서 여성들을 제한하는 것은 무엇입니까?

전통은 여성들이 주일학교에서 가르치거나 조용한 방식으로 그리스도께서 그녀를 위해 하신 일을 증거하는 일을 하는 것에 대해서는 괜찮다고 생각합니다. 그녀는 선교사이거나 가정의 사역자일 수 있습니다. 그녀는 교회에서 식사를 준비하고 대접할 수도 있습니다(초대교회의 남성들이 이 일을 했습니다, 행 6:2-3).

왜 여성 그리스도인이 예수 그리스도의 살아있는 증인으로서 공개적으로 복음을 전하거나 가르치는 것을 금지해야 합니까?

만일 한 여성이 슈퍼마켓, 공원, 상점 혹은 길가로 가서 그리스도를 증거할 수 있다면, 그녀의 증언을 확증하기 위해 성경 구절들을 인용해도 되지 않습니까? 만일 그렇다면 그녀의 증언이 설교나 가르침으로 간주되기 전에 그녀는 몇 개의 성경 구절까지 인용해도 됩니까?

만일 그녀가 아직 거듭나지 않은 한 명에게 복음을 증거할 수 있다면, 그녀가 두 명에게, 혹은 열 명에게, 혹은 백 명에게, 혹은 천 명에게도 동시에 증거할 수 있지 않겠습니까? 어떤 시점에서 여성에게 허락된 인원 수를 초과하여 그녀가 다른 남성에게 복음을 전해달라고 요청해야 합니까?

만일 그녀가 아직 거듭나지 않은 사람에게 지하철이나 가정집에서 복음을 증거할 수 있다면, 그녀가 빌린 회관이나 그녀가 세운 텐트 아래에서도 한 명 혹은 여러 명에게 증거할 수 있지 않겠습니까?

그녀가 오솔길이나 길가에서 한 무리의 사람들에게 증거한다고 가정해 봅시다. 그렇다면 그녀가 잘 전하기 위해 바위, 상자 혹은 의자 위에 올라갈 수 있습니까? 그녀가 강단을 설치하는 것은 어떻습니까? 그녀가 정도를 벗어나지 않는 선에서 얼마나 크게 말할 수 있습니까?

만일 그녀가 아직 믿지 않는 한 명을 위해 기도한다면, 그녀가 두 명, 혹은 열 명, 혹은 백 명을 위해 기도해도 됩니까? 어느 정도의 인원 수까지 여성에게 허용됩니까?

만일 그녀가 복음을 증거할 수 있다면, 가르치거나 설교하는 것도 가능합니까?

현대의 여성 그리스도인들은 그리스도를 위한 대중사역에서 평등을 부정하는 오래된 문화적 성차별에 굴복해야만 합니까? 제가 여성이라면 저는 굴복하지 않겠습니다.

여성 그리스도인들을 그리스도를 증거하지 못하도록 억압하는 성경적 권리가 있습니까? 많은 학자들이 바울의 발언이 문화적 맥락에서 벗어나 잘못 해석되고 이 시대의 여성들에게 불공평하게 적용되었다는 데 동의하는데도, 왜 여성들이 기독교 사역에서 잠잠하기로 선택해야 합니까?

제가 여성이라면 제 사역에 대한 억압에 굴복하지 않을 것입니다. 어떤 사람이 제가 공개적으로 예수님에 대해 가르치거나 설교할 수 없다고 말한다면 저는 교회 내 억압주의자들의 모욕적인 계략과 상관없이 오히려 그분의 기름부음 받은 증인이자 임명받은 대사로서 그분께 순종할 수 있는 제 권리와 제 목소리에 대해 하나님께 감사를 드리겠습니다.

세상이라는 현장

박식한 여성들은 자신들이 가르치고 발언하는 것이 금지된 유일한 공간이 교회 건물이라는 사실을 알고 있습니다(고전 14:34). (바울이 사용한 단어의 헬라어 뜻은 종교 신자들, 집회, 유대인 회당 등을 의미합니다.)

여성들이 교회 안의 낡은 통제를 묵인하더라도 그들의 교회 밖의 사역에는 성경적 한계가 없습니다. 교회 밖은 좋은 소식을 전하기에 가장 필요가 많고 효과적인 장소입니다.

데이지 박사가 질문합니다: 왜 여성들은 교회 안에서 잠잠하도록 제한을 받을 때 그들의 사역에서 좌절감을 느낍니까? 예수님은 "세상이 우리의 밭이다"라고 말씀하셨습니다(마 13:38).

그녀는 이렇게 조언합니다: 그리스도와 그분의 사랑에 대해 침묵하지 말고, 여성 그리스도인들이 눈을 들어 전 세계의 밭을 보게 하십시오(요 4:35). 그곳에서 그들은 여성에 대한 신학을 위반한다는 망설임과 상관없이 주님께 순종할 수 있습니다.

만일 여성들이 바울이 교회 안에서 잠잠하도록 가르쳤다는 주장에 굴복한다면 그리스도께서 교회 밖에서 땅끝까지 그분의 증인이 되는 일에 대해 분명히 가르치신 것에도 순종하십시오(행 1:8). 저는 데이지 박사의 생각에 진심으로 동의합니다.

여성 그리스도인들이 사람들이 있는 곳으로 가서 그리스도의 메시지를 개인 혹은 대중에게 전하고 그리스도께로 영혼들을 이겨오는 것은 잘못된 일이 아닙니다.

구원 안에 있는 그들의 자유와 평등을 인정하는 새로운 영적 잔다르크의 군대가 있습니다. 그들은 전 세계적으로 증가하고 있습니다. 그리고 용감한 여성 그리스도인들의 사역 없이는 닿을 수 없을 전 세계 수백만 명의 사람들에게 복음을 전하고 있습니다. 이것은 곧 기독교 사역의 전진입니다.

여성들의 각성

우리는 진리의 말씀을 올바로 나누어야 하지 않겠습니까? 디모데후서 2장 15절 교육을 잘 받은 여성 그리스도인들이 하나님의 사역에서 성차별을 받아들이고, 남성과 여성의 구원에 대한 바울의 모든 계시와 가르침에 모순되게 해석된 바울의 말 때문에 종교적 종속에 굴복해야 합니까?

성경에 성적인 제한이 있겠습니까? 오래된 성경 문화의 계급 및 성차별이 현대에도 적용되어야 하겠습니까? 오직 여성에게만 적용해야 합니까? 여성의 구원은 제한적이었습니까? 그녀는 구원받기는 했지만 여전히 동떨어진 존재입니까? 그녀는 하나님

앞에서 의롭게 되었지만 그녀를 회복하신 그리스도를 대변할 자격은 없습니까? 그녀의 죄가 용서되었습니까? 하나님께서 그 죄를 잊으셨습니까? 인류의 죄가 영원히 사라졌음에도 남성들은 여성의 죄를 기억하고 있습니까?

믿는 여성들

구원을 믿고 복음을 나누고 싶어하는 여성이 예수님께서 그녀에게 명령하신 일을 하는 것을 남성들이나 시스템이 금하도록 내버려두어야 합니까?

예수님이 부활했다는 기독교의 가장 위대한 메시지를 선포하기 위해 여성을 선택하신 그리스도를 증거하는 일을 여성이 못 하도록 제한하거나 억압하는 사람들, 위원회, 기관들을 받아들여야 합니까?

성경에 등장하는 수많은 여성들이 그분의 메시지를 전했습니다. 그런데 현대의 여성 그리스도인들은 하나님의 사역에서 잠잠해야 합니까?

어떻게 여성 그리스도인이 세상에 그리스도의 메시지를 전하는 일에 용기가 없다는 것을 바울이 한 말 때문이라고 핑계 댈 수 있겠습니까?

어떻게 여성 그리스도인이 세상에서는 자신의 평등함을 사실로 받아들이면서 교회 안에서는 성차별에 굴복할 수 있습니까?

어떻게 여성 그리스도인이 세상에서는 경영, 과학, 의료, 정치, 정부에서 자신의 평등함이 증명되는 반면, 교회 안에서는 열등하거나 종속적인 존재여야 합니까? 오늘날 교회에서 왜 여성들에게만 원시적인 성차별이 행해져야 합니까? 남성 그리스도인에게는 그러한 문화적 멍에가 메여져 있습니까?

열두 번째 파트

내가 되고 싶은 여성

제가 하나님의 가족에 속한 여성 그리스도인이라면 저를 억압하거나 제한하려는 사람들에 대한 모든 진심과 존중을 가지고 취할 태도가 몇 가지 있습니다.

1. 제가 여성이라면, 교회 기관 내에서 종교문화를 견디고 제가 받은 인도, 영감, 부르심에 따라 교회 밖에서 예수 그리스도께 순종하겠습니다.
2. 제가 여성이라면, 저는 모든 피조물에게 제가 행하도록 인도와 영감을 받은 만큼 스스로를 그리스도인, 믿는 자, 그리스도의 제자, 그분의 증인, 그분의 부활의 메신저로 여기겠습니다.

3. 제가 여성이라면, 저는 그리스도가 제 안에 살아 계시고, 그분이 저를 통해 섬기시고, 말씀하시고, 사랑하시고, 사역하신다는 사실을 받아들이겠습니다. 내 몸은 그분의 몸입니다. 그분은 저를 통해 그분이 성경시대에 행하셨던 사역을 동일하게 행하십니다. 하나님께서 그리스도를 세상에 보내신 것같이 그리스도께서 저를 세상에 보내십니다(요 17:18, 20:21).

4. 제가 여성이라면, 저는 어떤 비난이나 오해를 받을지라도 그리스도께서 믿는 자들에게 시키신 일들을 행하겠습니다. 그리스도는 나를 위해 수치를 당하셨습니다. 종이 그 주인보다 높지 못합니다(마 10:24).

5. 제가 여성이라면, 그리스도의 말씀을 듣고 행하는 현명한 사람이 되겠습니다(마 7:24). 저는 그분의 증인으로서 제 사역을 믿음과 행동의 반석 위에 짓습니다.

6. 제가 여성이라면, 그리고 성령충만을 받았다면, 그분의 부르심이나 인도에 따라 예루살렘과 온 유대와 사마리아와 땅끝까지 이르러 그리스도의 증인이 되겠습니다(행 1:8).

7. 제가 여성이라면, 그리고 하나님께서 다음과 같이 부르신다면, 저는 요엘의 예언에 따라 행하겠습니다: 내가 내 영을 모든 육체 위에 부으리라. 그러면 너희 아들들과 너희 딸들이 예언할 것이요(욜 2:28). 저는 베드로가 그 예언을 인용한 것을

압니다: 내가 내 남종들과 여종들 위에도 내 영을 부어 주리니, 그들이 예언하리라(행 2:18). 저는 요엘이 언급한 예언의 히브리어 단어 뜻을 매우 좋아합니다. 영감에 따라 말하거나 노래하다; 예언하거나 담론을 펼치다; 그리고 베드로가 언급한 예언의 그리스어 단어 뜻은 다음과 같습니다. 신성한 영감 아래 말하다; 예언적 직분을 수행하다; 영감을 받고 말하는 사람.

8. 제가 여성이라면 저는 예수님께서 한 번도 성별을 구분하신 일이 없다는 사실에 주목하겠습니다. 저는 그분의 삶과 사역에 참여한 많은 여성들에게 감동을 받습니다. 저에게 그런 갈망이나 부르심이 있다면 저는 믿은 즉시 온 도시에 예수님을 전한 사마리아 여인처럼 살겠습니다: 그 성읍의 많은 사마리아인들이 그 여인의 말로 인하여 주를 믿었으니(요 4:39). 그들은 한 여성의 간증과 사역으로 믿게 되었습니다.

9. 제가 여성이라면, 저는 다음 사실들을 기억하겠습니다: 1) 바울이나 여러 교회의 아버지들이 아닌 예수님이 나의 주님이십니다. 2) 심지어 바울이 회심하기 전에, 예수님은 그분을 따르는 남성들만 아니라 여성들에게도 명령을 주셨습니다. 3) 바울이 그리스도를 믿기 수년 전에, 남성 및 여성 그리스도인들이 그리스도의 증인이 될 수 있도록 그들에게 성령이 임하시고 권능을 받았습니다. 4) 나의 구원자이자 주님인

예수님이 나를 구원하셨고, 권능을 부여하셨고, 부르셨습니다. 그런 일을 행한 분은 바울이 아닙니다. 5) 내가 참여하고 있는 개인 및 대중사역, 혹은 복음을 전하거나 가르칠 수 있는 권세는 신학적 전통이나 교회 교리나 승인으로 받은 것이 아닌 내 주님이신 예수 그리스도 곧 내가 속해 있고 내가 섬기는 분의 가르침과 명령에 근거합니다(행 27:23).

10. 제가 여성이라면, 저는 하나님께서 저를 위해, 그리스도를 통해 행하신 완전한 은혜의 속량사역을 인식하겠습니다. 저는 그리스도를 믿으며 그분의 보혈로 구원받은 제 정체성을 받아들입니다. 저는 하나님의 왕족의 일원으로서 모든 생득권, 특권, 책임을 가집니다. 그리스도의 증인인 저의 권세를 제한하거나 제 사역을 억압하는 어떤 목소리나 법령, 신조, 규칙, 교리를 절대 받아들이지 않겠습니다.

메시지를 전하는 신분

예수님은 여성들과 남성들에게 사람들이 있는 번화가와 교차로, 회관, 극장, 영화관, 공원, 놀이터, 집, 이동식 주택, 나무나 텐트, 정자, 지붕 아래로 가서 그들이 주님을 보았다고 말하고 그분의 메시지를 전하라고 명령하십니다(요 20:18).

그것이 제가 그분이 죽으신 이유인 사람들에게 예수 그리스도를 나누기 원하는 여성이라면 할 일입니다.

8장

영광을 위해
창조되었습니다

여성은 자신의 내면이 깨어있음을 보여주고 싶어합니다. 여성으로서 그녀는 다른 사람들에 대한 타고난 민감함을 갖도록 창조되었습니다.

현재 일어나고 있는 일들을 무시할 수 없습니다. 그것들은 사라지지 않을 것입니다. 그러므로 그 근원을 이해하고 원래의 태도를 재평가할 때입니다.

여성이 자신의 정체성을 추구할 때 그녀는 반드시 하나님을 발견해야 합니다. 그녀의 법적인 근원이 하나님께 있다는 것을 인식하지 못한다면 그녀는 진정한 자아상을 발견할 수 없습니다.

저는 성경이 참되다고 믿습니다. 저는 성경이 하나님의 말씀이라는 원칙에 제 삶을 바쳤습니다. 모든 여성은 그 사실을 신뢰할 수 있으며 균형 잡힌 메시지는 여성의 성별이 하나님의 가치 있는 여성의 건강한 자아상 가운데 확실한 자리를 보장하는 확실한 공식입니다.

여성은 하나님의 창조물이며 그분의 형상을 따라 만들어졌습니다. 그분은 우리의 아버지이십니다. 우리는 그분의 딸입니다. 그분은 여성의 삶의 모든 세세한 부분들에 대해 관심을 가지십니다. 그분은 그녀가 받은 상처와 수치를 알고 계십니다.

어떤 사람이나 시스템, 영향력, 신조, 교리 또는 사회가 당신이 영광을 위해 창조되었는 사실과 당신이 건강한 자아상을 가진 하나님의 혈통의 구별된 중요한 구성원이라는 사실을 절대 잊게 하지 마십시오.

8장

영광을 위해 창조되었습니다

여성은 자신의 내면이 깨어 있음을 보여주고 싶어합니다. 여성으로서 그녀는 다른 사람들에 대한 타고난 민감함을 갖도록 창조되었습니다.

하나님께서 그분의 형상을 따라 창조하신 여성은 온화합니다. 그녀는 정직함을 원합니다. 그녀는 전략 가운데 행합니다.

여성은 자신의 감동이 강해짐에 따라 독창성과 정체성에 대한 깊은 갈망이 자신의 근원의 진리 안에 뿌리를 두고 있음을 발견하게 됩니다. 이는 하나님이 주신 잠재력을 깨닫는 데 가장 필수적입니다.

자연스럽고, 신성하고, 예언적인

저는 많은 연구와 공부, 기도 끝에 예수 그리스도의 생명이 하나님의 소망과 이상, 그리고 여성을 포함한 모든 사람의 최고의 발전을 위한 하나님의 계획을 반영한다고 확신합니다. 여성의 건강한 자아상은 태초부터 그분의 계획이었습니다.

종교주의자들은 사회와 종교에서 여성의 전통적인 자리에 의구심을 갖는 여성들을 회유하거나 달래려는 경향이 있습니다. 이 방법은 종교 역사의 초기부터 여성들을 억압하고 잠잠하게 했습니다.

그러나 세계 모든 국가에서 각성이 일어나고 있으며 이는 사회적, 경제적, 정치적 운동의 결과가 아닙니다. 이것은 예수 그리스도의 재림이 있기 전 이 시대에 관한 예언의 중요한 성취입니다.

현재 일어나고 있는 일들을 무시할 수 없습니다. 그것들은 사라지지 않을 것입니다. 그러므로 그 근원을 이해하고 원래의 태도를 재평가할 때입니다. 예언적 성취를 방해하기보다, 배우고, 성장하고, 사회를 발전시킬 수 있는 기회입니다(욜 2:28).

종교적 뿌리

보편적인 남성과 여성의 불평등은 종교에 뿌리를 두고 있습니다.

하나님은 그분의 형상을 따라 인류, 즉 남성과 여성을 평등하게 창조하셨고, 그분보다 조금 낮게 만드셨습니다(창 1:27, 5:2). 하나님은 종교를 만들지 않으셨습니다.

하나님과 종교는 동의어가 아니며 양립할 수도 없습니다.

종교 vs 하나님

하나님은 결코 변치 않으십니다.

종교는 사회적 유행과 현재의 선입견들을 수용하기 위해 변화합니다. 남성들은 대개 그런 변화를 주도하므로 그들은 이러한 질서와 입법에서 어떠한 평등화 없이 이득을 얻을 수 있습니다.

부유하고 학식이 있는 백인 남성들은 사상을 감독하는 자, 복종과 노예제도를 집행하는 자, 인류를 분리하는 자로 역사에 등장합니다.

저는 하나님과 종교가 동의어가 아니라는 사실을 강조하기 위해 다음과 같이 말합니다.

종교가 모두 나쁜 것은 아닙니다. 그러나 하나님은 선하신 분입니다.

종교에는 한계가 있습니다. 하나님께는 한계가 없습니다.

종교는 사람들 특히 여성의 나약함을 강조합니다. 하나님은 개인 즉 여성과 남성의 위대함, 탁월함, 존엄성을 증진시켜 주십니다.

종교는 특히 여성의 개인적인 성장, 자주성, 성과를 방해합니다. 하나님은 우리의 성별과 상관없이 우리가 무엇이든지 할 수 있음을 알려주십니다(막 9:23).

종교에서는 권위 체계나 의전 순서 같은 것이 중요합니다. 그러나 육신이 된 하나님으로 오신 예수님께서는 여성을 포함한 그 누구도 다가갈 수 있었습니다. 그분은 여성과 남성 모두에 대한 하나님의 태도를 보여주시기 위해 오셨습니다. 그분은 누구나, 모든 자들, 모두, 누구든지 등과 같은 단어를 사용하셨습니다.

종교는 일반적으로 여성들에 대한 선입견을 갖고 있기 때문에 그들에게 창의적인 사고와 주도성에 대한 자유를 주지 않습니다. 그러나 하나님의 독창성은 꿈꾸고, 발견하고, 성취하는 사람을 통해 표현될 수 있습니다.

어디에서부터 시작합니까?

여성이 자신의 정체성을 추구할 때 그녀는 반드시 하나님을 발견해야 합니다. 그녀의 법적인 근원이 하나님께 있다는 것을 인식하지 못한다면 그녀는 진정한 자아상을 발견할 수 없습니다.

그러므로 출발점은 성경이어야 합니다. 저는 성경이 참되며 하나님의 말씀임을 믿습니다.

성경을 믿어야 하는 다섯 가지의 신학적이지 않은 기본적인 이유들이 있습니다.

1. 성경의 내용. 성경의 완전한 조화와 일관성은 우연이라고 하기엔 너무 기적적입니다.

40명의 저자가 거의 2000년에 걸쳐 66권의 책을 썼습니다. 그들은 두 대륙에 흩어져 있었고 대부분 서로 모르거나 접촉하기 어려웠습니다. 그러나 그들이 쓴 진리, 믿음의 원리, 속량의 이야기는 아주 긴밀하게 연결되어 있습니다.

저는 성경이 최고의 디자이너로부터 영감을 받은 책이라고 생각합니다.

2. 순교자의 증거. 수많은 선하고 정직한 사람들은 성경의 진리
와 가르침, 원리를 믿었습니다.

그들 중 많은 사람들이 자신의 믿음을 증거하기 위해 상상할 수 없는 고문, 고통, 죽음을 견뎠습니다. 역사는 그런 수천 명의 용감한 여성들과 남성들의 희생을 기록하고 있습니다. 그들은 복수나 분노가 아닌 사랑 가운데 순교했습니다.

저에게는 순교자들이 죽은 이유를 믿는 것이 그들을 죽인 사람들을 믿는 것보다 훨씬 더 가치 있습니다.

3. 제가 아는 사람들. 저에게 성경에 근거한 진리와 원리를 가르쳐 준 사람들은 정직하고, 명예롭고, 지역사회에서 존경받는 여성들과 남성들이었습니다.

그들은 단지 나의 선을 바랐고, 나는 그들을 신뢰할 수 있었습니다. 그들의 믿음은 내가 원했던 종류의 삶을 만들었습니다.

저는 그들이 가르쳐 준 내용들을 성경을 부인하는 사람들보다 훨씬 더 신뢰합니다.

4. 예수님의 삶. 예수 그리스도의 삶에 대한 기록은 그분이 선하시고, 친절하시고, 긍휼함이 많으셨음을 보여줍니다.

그분은 사람들을 치유하고, 축복하고, 세우셨습니다. 그분은

절대 사람들을 정죄하거나 질책하지 않으셨습니다.

그분은 하나님의 말씀으로 성경을 인용하셨습니다. 그분은 하나님의 말씀을 가르치셨고, 그것을 믿으셨습니다.

그분은 어떤 지도자도 말한 적 없는 최고의 원리들을 주장하셨습니다. 그분이 가르치신 모든 내용은 기적, 표적, 경이로 입증되었습니다. 어느 누구도 편견, 부정직함, 혼란으로 그분을 설득할 수 없었습니다.

저는 예수님이 하나님의 아들임을 부인하는 그 어떤 지도자, 정치인, 작가, 철학자보다도 예수님을 더욱 신뢰합니다.

5. 예수님의 부활. 예수님이 공개적으로 십자가에 못 박혀서 죽으신 후에도 예수님을 봤다고 말하는 정직한 여성들과 남성들의 간증이 역사에 가득합니다.

500명이 동시에 그리스도를 봤다고 하는 초대교회 시대부터 금세기까지 수천 명의 사람들이 동일한 증언을 했습니다.

그분은 저와 남편에게도 개별적으로 나타나셨습니다. 저는 거짓말할 이유가 없습니다.

남편과 제가 70여 개 국가에서 개최한 거의 모든 집회에서 사람들은 그들이 살아계신 주 예수님을 보았다고 말했습니다. 힌두교, 이슬람, 불교, 신도를 믿는 자들과 무신론자들이 예수님을 본 일에 대해 거짓말을 하겠습니까? 태국 집회에서는 100명이 넘는 불교신자들이 동시에 예수님을 보았습니다.

저는 성경이 참되다고 믿습니다. 저는 성경이 하나님의 말씀이라는 원칙에 제 삶을 바쳤습니다. 모든 여성은 그 점을 신뢰할 수 있으며 그리스도인으로서 그것을 선포할 권리와 의무가 있습니다.

예수님을 따르는 여성들

성경은 예수님에게 수많은 여성 및 남성 제자들과 그분을 따르는 자들이 있었다고 말합니다.

그들은 그분과 대화를 나눴고, 그분께 배웠습니다. 그들은 그분의 삶, 가르침, 기적을 목격했습니다. 그들은 그분의 말과 행동에 끊임없이 놀랐습니다.

그분의 첫 제자들이 예수님이 인간의 몸을 입은 하나님이시라는 점을 온전히 이해했는지는 알 수 없습니다. 그러나 예수님의 삶과 가르침에 대한 그들의 증언 덕분에 이제 여성은 예수님이 과거에 하나님이셨고 지금도 하나님이시라는 것을 정확하게 이해할 수 있습니다(요 16:28, 10:30, 12:44-50).

십자가에 못 박히시고 죽은 자 가운데서 부활하신 후에 예수님은 그분을 따랐던 신실한 여성 막달라 마리아에게 처음으로 모습을 보이셨습니다. 그런 다음, 그분은 모든 남성 및 여성 제자들에게 말씀하셨습니다: 내 아버지께서 나를 보내신 것 같이 나도 너희를 보내노라(요 20:21).

당연히 그들은 충격받았습니다. 그들이 예수님과 같은 기적을 행할 것이라고 예상하였겠습니까?

그들이 예수님이 하셨던 것처럼 모든 사람들, 곧 남성들과 여성들에게 사랑을 보여줄 수 있었습니까? 그들이 예수님이 하셨던 것처럼 흔히 종교에서 버려졌다고 불리는 사람들을 만지고 세워줄 수 있었습니까?

네, 그들은 할 수 있었습니다. 예수님이 그렇게 말씀하셨기 때문입니다: 나를 믿는 자(여성과 남성 모두)는 내가 하는 일들을 할 것이요 또 이보다 더 큰 일들을 할 것이라. 이는 내가 내 아버지께로 가기 때문이라(요 14:12).

예수님을 따르던 여성들은 이 말을 듣고 어떠했겠습니까?

여성의 역경

전통 종교는 마지막 날에 딸들과 여종들이 모두 예언할 것이라는 요엘의 고무적인 발언에도 불구하고 여성들이 대중사역을 하도록 허락하지 않았습니다. (반드시 7장을 읽으십시오.)

사실 예수님이 오셨을 때 여성들은 종교에 의해 제한적이고, 수동적이고, 조용하고, 복종하는 역할로 격하되어 있었습니다.

유대인 여성들에게는 성경을 공부하는 일조차 허용되지 않았습니다. 그러나 일부 랍비들은 그들의 유대인 법을 어기면서 비밀리에 딸들에게 율법을 가르쳤습니다. 아마 하나님과 그분의 피조물에 대한 그들의 사랑이 랍비들의 법에 대한 사랑보다 더 컸을 것입니다.

탈무드에서 어떤 랍비들은 여성들을 해방되지 않은 노예로 구분했습니다. 그들이 그렇게 한 이유는 무엇이었습니까?

노예에게는 주인이 있었고 유대인 여성에게도 주인이 있었습니다. 그녀는 아버지나 남편, 혹은 가족의 다른 남성의 소유였습니다.

예수님의 시대에 살던 여성들의 곤경을 아는 것은 그분이 여성 피조물들과 그들을 억압한 종교적인 남성 지도자들에 대한 하나님의 태도를 보여주기 위해 행하신 일들을 이해하는 데 필수적입니다.

성경시대에 자행된 종교의 잔학함은 거룩한 예배로부터 분리되고 경멸받은 많은 부류의 사람들에 의해 보여집니다. 여성들도 그 열등한 그룹들 중 하나였습니다.

아픈 사람, 불완전하거나 병든 사람, 눈먼 사람, 절름발이, 근시이거나 사시인 사람, 언어장애가 있거나 심지어 몸에 점과 같은 흠이 있는 사람들은 성소에 들어갈 수 없었습니다(레 21:17-24).

주인의 새로운 의미

왜 여성이 예수님을 주인(선생님)이라고 불렀는지는 이해하기 어렵지 않습니다(요 20:16).

우리는 이 호칭이 유대인 남성에게는 선생님 혹은 랍비라는 뜻이지만, 여성으로서 이 단어가 유대인과 이방인 여성 모두에게는 해방자를 의미한다는 것을 확신할 수 있습니다.

더 이상 인간은 남성 또는 여성, 노예 또는 자유인, 유대인 또는 이방인으로 나뉘어지지 않습니다. 우리 각 사람은 예수 그리스도를 영접할 때 해방되며 재창조된 하나님의 딸 혹은 아들이 됩니다.

여성은 예수 그리스도를 자신의 구원자이자 주님으로 받아들일 때 오직 한 명의 주인(선생님)을 가지게 됩니다.

여성은 하나님을 그녀의 하늘 아버지로 개인적으로 알 수 있으며, 그분의 본성과 성품에 대해 더 배울 수 있습니다. 어떻게 그런 일이 가능합니까? 예수 그리스도의 삶, 즉 그분의 말씀,

사역, 사람들과 만남을 공부함으로써 가능합니다. 특히 예수님과 여성들의 만남에 특별한 주의를 기울여야 합니다. 그 여성이 만들어진 모습은 그분의 형상 안에 있습니다.

저는 한 여성이 예수님께서 하나님과 그분의 여성 피조물에 대해 계시하신 진리들을 발견할 때 깨닫는 기쁨과 성취감에 대해 간증할 수 있습니다.

위대한 선생님

예수님의 가장 대표적인 가르침 중 일부는 산상수훈 중간에 등장하는 다섯 구절에 불과합니다. 이 유명한 구절들이 여성의 기도와 삶의 인도가 될 때에만 그녀의 삶에 권능을 부여할 수 있습니다.

성경의 이 부분은 주님의 기도라고 불려집니다(마 6:9-13). 그러나 이것은 기도 그 이상입니다. 모든 나라와 인종, 학력, 사회적 수준의 여성 혹은 남성, 소녀 혹은 소년에게 이것은 삶과 존재를 위한 사고방식입니다.

이 기도는 오직 66개의 단어로 이루어져 있으며 암송하는 데 20초 정도밖에 걸리지 않습니다. 날마다 전 세계 5억 명 이상의 사람이 다양한 언어로 이 기도를 하고 있습니다.

그러나 이것은 여성들에게 그저 암송하기 위한 기도가 아닙니다. 이대로 살아내야 하는 기도입니다.

어떤 여성이 주님의 기도를 기도할 때, 이는 그녀의 전체 사고방식을 형성할 것입니다. 또한 그녀의 태도를 만들어가고 그녀가 행복하고 건강하게 살도록 할 것입니다. 가장 힘든 상황에서 벗어나게 할 것이며 그녀가 하나님께서 창조하신 모습 그대로의 존재가 되게 할 것입니다.

주님의 기도로 알려진 5개의 구절에는 자신의 삶을 최대치로 살기 원하는 여성을 위한 일곱 가지 기본적인 생각들이 있습니다.

부정적 힘

이 일곱 가지 기본적인 생각들은 여성이 승리자의 삶을 살지 못하게 하는 가장 파괴적인 일곱 가지 영향력들에 대한 해답을 가지고 있습니다.

그 부정적인 힘들은 다음과 같습니다.

1. 무의미함, 무가치함, 열등감, 시시함
2. 절망, 실의, 좌절, 의기소침
3. 긴장, 염려, 걱정, 불안

4. 정죄, 수치, 굴욕, 죄책감

5. 적대감, 비통함, 암울함, 복수심

6. 불신, 두려움, 불안, 고통

7. 무지, 몰이해, 비인지

만일 어떤 여성이 자신의 삶에서 이러한 부정적인 영향력들을 경험했다면, 그녀는 주님의 기도를 기도함으로 단번에 그것들을 정복할 수 있습니다. 그녀가 열린 생각과 열렬한 심령, 유연한 태도, 맑은 영, 변화하고자 하는 의지를 가지고 기도하는 것이 가장 중요합니다.

긍정적 변화의 일곱 단계

새로운 정보와 더해진 지식은 여성 안에서 변화를 만들어냅니다.

변화는 더 나은 삶의 방식을 의미할 때 선한 것입니다.

여성은 어떻게 자신의 삶에 변화를 일으킬 수 있습니까? 그녀가 한 번에 한 걸음씩 나아간다면 변화는 자연스럽게 따라올 것입니다.

첫째, 그녀는 진리를 듣거나 이전에 알지 못했던 지식을 알게 됩니다.

둘째, 그녀는 이 새로운 지식을 받아들이고 그녀의 마음을 다해 그것을 믿습니다.

셋째, 그녀는 자신이 새로 얻은 지식을 인식하는 훈련을 합니다.

넷째, 그녀는 자신이 배운 것을 삶에 실천하기 시작합니다.

다섯째, 그녀의 삶의 방식은 새로운 지식으로 설정됩니다. 그녀는 새로운 습관들을 만듭니다.

여섯째, 그녀는 새로운 삶의 방식을 향상시키기 위해 관계들을 조정합니다. 변함없이 그대로인 것은 없습니다.

일곱째, 그녀는 자신의 성장을 방해하는 과거 경험들과 관계들을 놓고 새로운 인식을 발전시킵니다.

다음은 꼭 기억해야 하는 사실입니다. 끊임없는 변화와 발전이 있는 미래를 위해 여성에게 필요한 것은 그녀가 과거의 경험과 이전 관계에서 얻은 지식입니다.

무가치함

주님의 기도를 통해 다뤄지는 첫 번째 파괴적인 감정은 무가치함 혹은 열등감입니다.

여러 부정적인 단어들의 기원은 종교에서 찾을 수 있습니다.

종교는 인간을 평가하고 분류하기 때문입니다.

저는 세계의 여러 종교권에 있는 사람들을 가르쳐왔습니다. 저는 그 어떤 예외도 없이 사람들이 자신의 종교 교사들에 의해 분류되는 것을 목격했습니다.

무의미하거나, 무능하거나, 열등하다고 여겨지는 것보다 여성의 자아를 손상시키는 것은 없습니다. 자신의 학업 수준, 사회적 지위, 인종, 피부색, 언어 또는 성별로 인한 차별은 여성과 남성의 신성한 인격을 모독하고 학대하는 것입니다.

우리 주님의 기도의 첫 번째 부분은 하나님과 모든 인격체 앞에서의 여성의 평등함에 대한 고백입니다.

인간적인 혹은 무자비한 행동

인간 행동의 영역에서 여성들이 배울 점이 너무나 많습니다. 주님의 기도는 보물과도 같으며 그녀는 이 기도를 통해 배울 수 있습니다.

저는 대부분의 여성들이 사회와 문화가 설정한 대로 똑같이 행한다는 믿기 어려울 정도의 규칙적인 패턴을 보게 되었습니다.

말은 부정적이든 긍정적이든 여성의 잠재의식 안에 코드화된 지시사항들을 넣습니다. 뇌는 명령을 받았음을 인식하지 못한 상태에서 결국 수행하게 될 부정적 혹은 긍정적 메시지와 지시사항을 동기화하기 시작합니다.

중국 여성은 중국의 문화와 종교로 설정됩니다. 그녀는 설정된 역할을 수행합니다. 아프리카의 문화와 종교는 아프리카 여성의 행동을 설정합니다. 인도의 문화와 종교는 인도 여성의 행동을 설정합니다.

서양 문화는 교육과 사회 환경, TV, 라디오, 강단, 극장, 광고, 출판물을 통해 서양 여성이 자신의 무의식에 지정된 역할을 수행하도록 설정합니다.

왜 여성은 사회가 그녀에게 부어주는 틀이 하나님께서 그녀를 위해 설계하신 삶의 방식과 동일한지 아닌지 의문을 품지 않습니까?

여성들의 세상

50년이 넘는 세월 동안 70개 국가 이상에 있는 사람들의 영적, 육신적, 정신적, 감정적, 물질적 필요를 보는 일은 저로 하여금 여성들에 대해 매우 민감하게 만들고, 제가 하나님이 그들에게 주신 잠재력을 극도로 인식하게 만들었습니다.

여성의 상처, 흉터 및 불안함은 저의 큰 관심사입니다. 저는 이러한 부정적인 영향력들이 그녀를 작게 만드는 것을 알고 있기 때문입니다. 부정적인 영향력들은 하나님께서 그녀 안에 만들어 두신 진정한 잠재력이 발달되는 것을 억제합니다.

예수님은 사람들이 경험할 상처, 수치, 학대, 폭력, 범죄에 대해 말씀하셨습니다(롬 12:19). 대부분의 경우 여성들이 그런 것들을 경험하게 됩니다.

그런 부정적인 행동을 당하는 자들은 복수하고 싶어합니다. 그들이 상처받았기 때문에 다른 사람들에게도 상처를 주어야만 합니다. 무방비한 느낌과 피해의식이 주는 좌절감은 복수를 원하게 만듭니다. 그러나 복수는 결코 해결책이 될 수 없습니다. 복수는 성장을 낳는 행동이 아닙니다(마 18:7).

만일 진심을 다해 주님의 기도의 첫 번째 구절을 기도한다면, 그 구절은 여성의 상처를 치유하고 그녀를 다른 사람들의 상처를 치유하는 사람이 되게 할 것입니다.

예수님은 여성을 해치려는 의도를 가진 것들을 꺼내셔서 그녀를 도울 무언가로 만드셨습니다. 그러므로 저는 여성들이 자신의 상처를 다루기보다 큰 꿈을 향해 가도록 격려합니다.

긍정적인 것은 부정적인 것보다 위대합니다

여성 안에 있는 열등감은 다른 사람을 비하함으로써 나타납니다. 다른 사람에 대한 부정적인 태도는 상처와 학대를 유발하며 언제나 자신에 대한 부정적 태도를 내비치게 합니다.

다른 사람에게 긍정적이며 행복감을 주는 여성은 스스로도 긍정적이며 자신감 있는 여성입니다.

열등감이나 무가치함은 늘 다른 사람들을 낙담케 하고, 그들의 가치를 떨어뜨리거나, 그들의 장점을 폄하합니다.

그녀는 그 일을 자신에게 하는 것입니다
그녀는 다른 사람을 거부함으로 자신을 거부합니다.
그녀는 다른 사람을 받아들임으로 자신을 받아들입니다.
그녀는 다른 사람을 비난함으로 자신을 비난합니다.
그녀는 다른 사람을 귀하게 여김으로 자신을 귀하게 여깁니다.
그녀는 다른 사람에게 분개함으로 자신에게 분개합니다.
그녀는 다른 사람을 사랑함으로 자신을 사랑합니다.

결코 열등한 여성이 되지 마십시오!

우월하거나 열등한 성과는 항상 있지만, 우월하거나 열등한 여성은 결코 없습니다. 절대 그녀의 성과로 여성을 판단하지 마십시오. 언제나 행동과 행동한 사람을 분리해서 보고, 행위와 행위자를 분리해서 보십시오.

여성의 성과는 훈련과 발전을 통해 향상됩니다. 그러나 그녀의 행동이 서투르거나, 수준이 떨어지거나, 세련되지 못하더라도 그녀는 특별한 사람이지 결코 열등한 사람이 아닙니다.

이것은 범죄입니다

여성이 열등함을 받아들인다면 그녀는 자신에게 범죄를 저지르는 것입니다. 그녀는 이 범죄를 다양한 방식으로 나타낼 수 있습니다.

여성의 소심함은 자신이 부족한 것 같은 느낌이 실제적으로 표현되는 것입니다.

여성이 자신이 부족하다는 느낌은 칭찬을 받아들이기 어려워하는 성향으로 보통 표현됩니다.

여성이 자신이 무의미한 것처럼 느끼는 것은 다른 사람의 섬김을 받을 때의 당황함으로 드러납니다.

여성의 열등감의 감정은 어떤 문제에 대해 자신의 개인적인 의견을 밝히는 일에 대해 사과함으로 나타납니다.

여성은 실수나 피할 수 없는 지연에 대해 부끄러워함으로 자신이 부족한 것 같은 느낌을 표현합니다.

이러한 여성의 결핍된 자아상의 의기소침한 감정은 자아비판이나 자신에 대한 부정적이고 파괴적인 발언, 깎아내리는 말들로 나타납니다. 이는 또한 다른 사람의 실패를 기뻐함으로 표현되기도 합니다.

이것들은 여성들이 내면적으로 느끼는 열등감과 무가치함이 외부로 드러난 몇 가지 징후들일 뿐입니다.

여성의 삶에서 이러한 범죄를 없애려면 어떤 일들을 해야 합니까?

자부심

우리 주 예수님이 기도하실 때 우리 아버지라고 시작하신 것은 당연합니다. 이는 모든 여성들에게 그녀가 하나님의 피조물이라는 것을 의도적으로 상기시켜주었습니다. 따라서 그녀는 그분의 눈에 열등하거나 하찮을 수 없습니다.

여성으로서 당신은 자신이 중요하지 않거나 의미 없는 존재라고 느낀 적이 있습니까? 주변을 둘러볼 때 자부심을 느낍니까 아니면 부끄러움을 느낍니까?

이런 생각을 하고 있는 사람은 당신 혼자가 아닙니다. 거의 모든 여성이 시기만 다를 뿐 열등감과 무가치함을 다루게 됩니다. 그래서 예수님은 그분의 왕족 안에서 그분의 딸인 우리의 정체성을 인식하고 고백하게 하기 위해서 '하늘에 계신 우리 아버지'로 기도를 시작하도록 가르치셨을 것입니다.

여성의 진정한 정체성

다시 말해, 하나님이 어떤 분이시며 당신이 누구인지를 상기하며 기도를 시작하십시오. 모든 여성은 다음과 같이 고백해야 합니다: 하나님은 나의 아버지이십니다. 나는 그분의 딸입니다. 이것이 나의 진정한 정체성입니다.

나의 하나님 아버지는 나를 중요한 사람, 여성으로 보십니다. 나는 스스로를 중요한 사람으로 봅니다. 나의 아버지는 여성인 내가 무엇이든 할 수 있다고 말씀하십니다. 나는 내가 무엇이든 할 수 있다고 믿습니다.

우리 하늘 아버지는 완전하십니다. 그분은 이 목표를 성취하기 위해 노력하는 여성을 도우십니다.

어떤 여성도 자신의 능력을 다른 사람의 능력을 기준삼아 재서는 안 됩니다. 그녀는 발전을 통해 삶에서 자신의 위치를 지속적으로 향상시킬 수 있습니다. 그녀는 매 성취마다 스스로에게 더 높은 수준을 요구하며 새로운 기록을 만들어 갈 수 있습니다.

참된 가족의 정체성

어떤 여성이 나의 하나님 아버지라고 기도할 때 그녀는 열등하거나 무의미한 존재가 될 수 없습니다. 그녀는 하나님의 딸이기 때문에 그녀는 다른 그분의 딸들이나 아들들보다 낮은 가치의 존재일 수 없습니다.

어떤 여성이 우리 아버지라고 기도할 때, 그녀는 즉시 사랑받고, 보살핌을 받고, 이해되고, 보호받고, 공급을 받고, 존중을 받고, 신뢰를 받고, 필요가 채워지고, 의지되고 있음을 느낍니다.

그녀가 자신의 신성한 정체성을 받아들일 때, 그녀는 자신이 대단히 명예로운 이름을 이미 가지고 있음을 발견하게 됩니다.

우리 아버지라는 말은 우리가 위대하다는 의미입니다. 우리는 무엇이든지 할 수 있습니다. 우리는 생산적입니다. 우리는 사랑받고 있습니다. 우리는 그리스도의 생각을 가졌습니다. 우리는 예수님을 가지고 있습니다.

어떤 여성이 우리 아버지라고 기도할 때, 이는 그녀가 하나님의 피조물이라는 고백입니다. 그녀는 이 땅의 모든 사람들의 자매입니다. 그녀는 인류 가족의 구성원입니다.

어떻게 종교가 하나님의 가족이 다른 사람에게 종속적이거나 열등하다고 말할 수 있습니까? 성과는 다를 수 있지만 개인의 가치와 존엄성은 다를 수 없습니다. 하나님의 딸들과 아들들은 평등합니다.

기도의 다양성?

예수님이 우리 아버지라고 기도하는 것을 가르치셨을 때 그분은 여러 무리의 군중에게 말씀하셨습니다. 이 기도는 그들이 유대인이든, 이방인이든, 남성이든, 여성이든, 노예이든, 주인이든 모든 사람에게 중요했습니다.

예수님은 각 사회 계급, 성별, 종교별로 다른 기도를 가르치지 않으셨습니다.

하나님은 인간을 자신보다 조금 더 낮게 구별하십니다(시

8:4-6). 그것이 여성 그리스도인이 자신의 정체성을 인식하는 방법입니다.

   종교는 여성이 종속적이고, 불완전하고, 부족하고, 수준이 떨어지고, 효과적이지 못하기 때문에 반드시 복종하며 살아야 한다고 말합니다.

   다른 사람을 반대하는 것은 한 사람 안에 있는 무가치함의 가장 명백한 징후입니다. 종교주의자들은 하나님의 딸을 열등한 존재로 낙인 찍으며 그들의 열등감의 문제를 나타냅니다.

   종교 지도자들의 이러한 행위는 자신에게 죄를 씌울 뿐만 아니라 하나님의 피조물인 인간의 존엄성에 해를 끼칩니다.

당신은 자신 안에서 보는 것을
다른 사람에게서 보게 됩니다

   여성으로서, 다른 사람들 곧 여성과 남성에 대한 당신의 태도를 생각해보십시오. 당신은 그들이 자신에 대해서 행복하게 만듭니까? 아니면 그들이 열등감이나 무가치함을 느끼게 합니까? 타인에 대한 당신의 태도는 스스로에 대해 진정 어떻게 생각하고 있는지 보여줍니다.

   당신의 배우자에게 어떻게 대합니까? 당신의 부모님이나

자녀들, 혹은 다른 가족 구성원들을 어떻게 대합니까? 당신의 지역사회에 긍정적인 영향을 끼치고 있습니까? 당신의 교회에서는 어떻습니까? 직장에서는 어떻습니까? 사회에서는 어떻습니까?

어떤 여성이 다른 사람에 대해 분개한다면, 그녀는 다른 사람들로부터 원한을 받습니다. 그리고 그녀가 다른 사람들을 사랑한다면, 그녀는 다른 사람들로부터 사랑을 받습니다.

어떤 여성이 다른 사람을 있는 그대로 받아들일 수 있다면, 그녀는 그만큼 자신을 받아들일 수 있습니다. 그녀가 자신의 주변 사람들을 성장시키고, 변화시키고, 발전시킨다면, 그녀는 동일한 발전을 경험하게 됩니다.

다른 사람을 평가하고, 재고, 판단하는 것은 여성의 삶의 목적이 아닙니다. 예수님은 육신을 입은 하나님이셨지만 자신은 심판하러 온 것이 아니라고 말씀하셨습니다(요 12:47). 그 누구도 다른 사람을 평가, 통치, 통제, 방해, 비판 또는 위협할 권리가 없습니다. 예수님을 따르는 자에게 그런 태도는 맞지 않습니다.

여성은 하늘에 계신 아버지와 동일시함으로 자신을 조정하고, 성장하고, 발전하고 변화시킬 수 있습니다. 그러면 그녀는 자신의 주변 세상이 얼마나 달라지는지 보고 놀라게 될 것입니다.

예수님이 말씀하셨습니다: 나를 따라와라

하나님을 종교에서 분리하고, 당신의 교사들이 예수 그리스도를 따르는 자일 때만 그들을 따르십시오.

예수 그리스도의 사역의 삶, 말씀, 만남들을 공부하십시오. 그분은 하늘에 계신 우리 아버지를 보여주기 위해 오셨습니다.

그분은 하나님과의 모든 대화를 "하늘에 계신 나의 아버지, 당신의 이름은 거룩합니다."라고 말하며 시작하셨습니다.

어떤 여성이 예수님이 가르치신 대로 기도한다면 그녀는 자신을 위대함, 성공, 능력, 승리와 동일시하는 것입니다. 그녀는 자신의 하늘 아버지의 영광을 위해 창조된 여성입니다.

여성의 매일 고백

나는 여성으로서 소중합니다. 나는 하나님과 같은 종류로 창조되었기 때문입니다.

나는 여성으로서 중요합니다. 하나님의 계획은 나를 포함하고 있기 때문입니다.

여성으로서 나의 유업은 하나님의 최고를 소유하고, 그분과의 우정을 누리고, 그분의 부와 능력을 나와 사람들의 선을 위해 사용하는 것입니다.

위대함의 씨앗이 여성인 내 안에 있습니다. 하나님은 결코 나를 가치 없는 사람으로 만들지 않으셨고, 진정 특별한 사람으로 창조하셨습니다.

그러므로 여성인 나는 스스로를 건강한 자아상을 지닌, 하나님께 구원받은 여성으로 인식합니다. 나는 하나님이 그분의 삶의 방식을 위해 나를 만드셨음을 알고, 하나님이 그분의 자녀인 나를 위해 삶의 최고를 계획하셨음을 압니다.

나는 여성으로서 더 이상 하나님께서 그분의 형상 안에서 창조하시고 귀하게 여기신 것을 불신하거나, 비하하거나, 파괴하지 않을 것입니다.

나는 여성인 나를 향한 하나님의 친절한 음성을 환영합니다. 그분은 나의 신성한 근원, 최고의 목적, 그분의 사랑의 계획을 상기시켜 주셔서 내가 그것을 성취하고, 그분의 축복을 누리고 나누게 하십니다. 그분의 속량으로 인해 나는 유일한 주님이신 예수 그리스도 안에서 진정한 자아상을 가집니다.

서명 _____

이 고백에 서명하고 당신의 성경에 넣어 보관하십시오. 그리고 어떤 일이나 사람이 당신을 비하하거나 낙담하게 할 때마다 이 고백을 크게 읽으십시오. 어떤 사람이나 시스템, 영향력, 신조, 교리 또는 사회가 당신이 영광을 위해 창조되었는 사실과 당신이 건강한 자아상을 가진 하나님의 혈통의 구별된, 중요한 구성원이라는 사실을 절대 잊게 하지 마십시오.

믿음의말씀사 출판물

구입문의 : 031-8005-5483   http://faithbook.kr

■ 케네스 해긴의 「믿음 도서관」 책들
- 새로운 탄생
- 재정 분야의 순종
- 나는 지옥에 갔다 왔습니다
- 하나님의 처방약
- 더 좋은 언약
- 예수의 보배로운 피
- 하나님을 탓하지 마십시오
- 네 주장을 변론하라
- 셀 모임에서 성령인도 받기
- 안수
- 치유를 유지하는 법
- 사랑은 결코 실패하지 않습니다
- 하나님께서 내게 가르쳐 주신 형통의 계시
- 왜 능력 아래 쓰러지는가?
- 다가오는 회복
- 잊어버리는 법을 배우기
- 위대한 세 단어
- 하나님의 은사와 부르심
- 그 이름은 "놀라우신 분"
- 우리에게 속한 것을 알기
- 성령을 받는 성경적인 방법
- 하나님의 영광
- 은혜 안에서의 성장을 방해하는 다섯 가지
- 사랑 가운데 걷는 법
- 바울의 계시: 화해의 복음
- 당신은 당신이 말하는 것을 가질 수 있습니다
- 그리스도 안에서
- 말
- 방언기도의 능력을 풀어 놓으라
- 옳은 사고방식 틀린 사고방식
- 속량 - 가난, 질병, 영적 죽음에서 값 주고 되사다
- 네 염려를 주께 맡겨라
- 예언을 분별하는 일곱 단계
- 절망적인 상황을 반전시키기
- 당신의 믿음을 풀어 놓는 법
- 진짜 믿음
- 믿음이란 무엇인가
- 그리스도께서 지금 하고 계시는 일
- 충분하고도 넘치는 하나님 엘 샤다이
- 금식에 관한 상식
- 하나님의 말씀 : 모든 것을 고치는 치료제
- 가족을 섬기는 법
- 조에
- 당신이 알아야 하는 신유에 관한 일곱 가지 원리
- 여성에 관한 질문들
- 인간의 세 가지 본성
- 몸의 치유와 속죄
- 크게 성장하는 믿음
- 하나님 가족의 특권
- 기도의 기술
- 나는 환상을 믿습니다
- 병을 고치는 하나님의 말씀
- 영적 성장
- 신선한 기름부음
- 믿음이 흔들리고 패배한 것 같을 때 승리를 얻는 법
- 믿음의 선한 싸움을 싸우는 법
- 하나님의 계획과 목적과 추구
- 예수 열린 문
- 믿음의 계단
- 당신을 향한 하나님의 계획
- 역사하는 기도
- 기름부음의 이해
- 내주하시는 성령 임하시는 성령
- 재정적인 번영에 대한 성경적 열쇠들
- 어떻게 하나님의 영으로 인도받을 수 있는가?
- 마이더스 터치
- 치유의 기름부음
- 그리스도의 선물
- 방언
- 믿는 자의 권세(생애기념판)
- 믿음의 양식
- 승리하는 교회

■ E. W. 케년
- 십자가에서 보좌까지 무슨 일이 일어났는가?
- 두 가지 의
- 놀라우신 그 이름 예수
- 하나님 아버지와 그분의 가족
- 나의 신분증
- 두 가지 생명
- 새로운 종류의 사랑
- 그분의 임재 안에서
- 속량의 관점에서 본 성경
- 두 가지 지식
- 피의 언약
- 숨은 사람
- 두 가지 믿음
- 새로운 피조물의 실재

■ 스미스 위글스워스
- 스미스 위글스워스의 천국
- 스미스 위글스워스의 매일묵상
- 위글스워스는 이렇게 했다
- 스미스 위글스워스의 능력의 비밀

■ T. L. 오스본
- 행동하는 신자들
- 기적 – 하나님 사랑의 증거
- 새롭게 시작하는 기적 인생
- 좋은 인생
- 성경적인 치유
- 능력으로 역사하는 메시지
- 100개의 신유 진리
- 24 기도 원리 7 기도 우선순위
- 하나님의 큰 그림
- 긍정적 욕망의 힘
- 당신은 하나님의 최고의 작품입니다

■ 잔 오스틴
- 믿음의 말씀 고백기도집
- 하나님의 사랑의 흐름
- 견고한 진 무너뜨리기
- 초자연적인 흐름을 따르는 법
- 당신의 운명을 바꿀 수 있습니다
- 어떻게 하나님의 능력을 풀어놓을 수 있는가?

■ 크리스 오야킬로메
- 여기서 머물지 말라
- 이제 당신이 거듭났으니
- 당신의 인생을 재창조하라
- 이 마차에 함께 타라
- 그리스도 안에 있는 당신의 권리
- 성령님과 당신
- 성령님이 당신 안에서 행하실 일곱 가지
- 성령님이 당신을 위해 행하실 일곱 가지
- 기적을 받고 유지하는 법
- 하나님께서 당신을 방문하실 때
- 올바른 방식으로 기도하기
- 당신의 믿음을 역사하게 하는 법
- 끝없이 샘솟는 기쁨
- 기름과 겉옷
- 약속의 땅
- 하나님의 일곱 영
- 예언
- 시온의 문
- 하늘에서 온 치유
- 효과적으로 기도하는 법
- 어떤 질병도 없이
- 주제별 말씀의 실재
- 마음의 능력

■ 앤드류 워맥
- 당신은 이미 가졌습니다
- 은혜와 믿음의 균형 안에 사는 삶
- 하나님의 참 본성
- 하나님은 당신이 건강하기 원하십니다
- 영 · 혼 · 몸
- 전쟁은 끝났습니다
- 믿는 자의 권세
- 새로운 당신과 성령님

- 노력 없이 오는 변화
- 하나님의 충만함 안에 거하는 열쇠
- 더 좋은 기도 방법 한 가지
- 재정의 청지기 직분
- 하나님을 제한하지 마라
- 하나님의 뜻을 발견하고 따라가며 성취하라
- 하나님의 참 본성
- 하나님의 최선 안에 사는 법

■ 기타「믿음의 말씀」설교자들
- 성령의 삶 능력의 삶
- 복을 취하는 법
- 주는 자에게 복이 되는 선물
- 믿음으로 사는 삶
- 붉은 줄의 기적
- 당신이 말한 대로 얻게 됩니다
- 예수–치유의 길 건강의 능력
- 성령 안의 내 능력
- 존 G. 레이크의 치유
- 믿음과 고백
- 임재 중심 교회
- 성령충만한 그리스도인의 지침서
- 열정과 끈기
- 제자 만들기
- 어떻게 교회를 배가하는가
- 운명
- 모든 사람을 위한 치유
- 회복된 통치권
- 그렇지 않습니다
- 당신의 자녀를 리더로 훈련하라
- 오순절 운동을 일으킨 하나님의 바람
- 주일 예배를 넘어서
- 신약교회를 찾아서
- 내가 올 때까지
- 매일의 불씨
- 여성의 건강한 자아상

■ 김진호 · 최순애
- 왕과 제사장
- 새로운 피조물의 실재
- 믿음의 반석
- 새 언약의 기도
- 새로운 피조물 고백기도집(한글판/한영대조판)
- 성령 인도
- 복음의 신조
- 존중하는 삶
- 성경의 세 가지 접근
- 말씀 묵상과 고백
- 그리스도의 교리
- 영혼 구원
- 새로운 피조물
- 믿음의 말씀 운동의 뿌리
- 1인 기업가 마인드
- 내 양을 치라
- 새사람을 입으라